AF265615

5917

PÉTITION

AUX DEUX CHAMBRES LÉGISLATIVES

DE FRANCE,

SUR LA BARBARIE DES CHEMINS DE FER,
ET SUR LA RÉFORME SCIENTIFIQUE DE LA LOCOMOTION;

PAR

HOËNÉ WRONSKI.

PARIS,

IMPRIMERIE DE JULES DIDOT L'AINE,
Nº 4, BOULEVART D'ENFER, FAUBOURG SAINT-GERMAIN.

JUIN 1838.

AVIS.

Les membres des deux Chambres législatives qui désireraient approfondir davantage les élémens matériels de la grave question présente, sont priés de prendre connaissance, par anticipation, des deux imprimés qui vont être publiés incessamment et qui sont intitulés, l'un, *Rails mobiles ou Chemins de fer mouvans, prêts à être réalisés sur toutes les routes par leur application immédiate aux voitures ou chars quelconques*, et l'autre, *Avis aux ingénieurs, entrepreneurs, et propriétaires des chemins de fer, et à tous ceux qui s'occupent du charriage public.* — Ces deux imprimés, tout achevés, se trouvent au dépôt des RAILS MOBILES, allée des Veuves, n° 17, aux Champs-Élysées, et seront envoyés sur-le-champ à ceux de Messieurs les membres des deux Chambres législatives, qui les feront demander à M. Lazare Augé, gérant provisoire de ce dépôt.

PÉTITION

AUX DEUX CHAMBRES LÉGISLATIVES DE FRANCE,

SUR LA BARBARIE DES CHEMINS DE FER,
ET SUR LA RÉFORME SCIENTIFIQUE DE LA LOCOMOTION.

Messieurs les Pairs, et Messieurs les Députés,

Dans le développement progressif de l'humanité, se présente, sans cesse et d'une manière palpable, le développement correspondant de l'industrie. Et dans ce progrès visible et continu de l'industrie sociale, se manifestent, à de grands intervalles, des époques de réforme, où, par l'introduction de quelques nouveaux élémens industriels, l'aspect de l'industrie toute entière change subitement. Telle fut, par exemple, après la Réformation, c'est-à-dire après l'établissement public de la liberté de la pensée, la grande réforme industrielle qui s'est accomplie, en peu de temps, par l'introduction des machines et surtout des machines à vapeur. Et telle est, de nos jours, après la Révolution française, la réforme industrielle, non moins grande, qui est prête à s'accomplir par l'introduction de nouveaux et rapides procédés de locomotion, terrestres et maritimes.

En effet, le besoin d'une rapide locomotion, pour opérer de promptes communications, commerciales et politiques, est aujourd'hui senti vivement chez tous les peuples civilisés. — Leur croissant empressement à créer partout des chemins de fer est une preuve matérielle de ce besoin universel d'une prompte locomotion. Bien plus, leur recours à un moyen si dispendieux, aux chemins de fer, et surtout leur obstination à faire prévaloir, à tout prix, ce moyen hasardeux, que l'expérience, loin de recommander, réprouve déjà si fortement, constate toute l'intensité du besoin que l'on ressent actuellement, dans les états civilisés, d'établir, entre les peuples, de rapides communications. Même les savants, tels que l'illustre rapporteur d'une grande commission de la Chambre des Députés, tout en apercevant l'extrême imperfection des chemins de fer, prennent un vif intérêt à ce moyen de rapide locomotion.

Ainsi, le besoin de promptes communications existe irrécusablement dans l'état actuel de la civilisation, et cela évidemment pour accélérer, non autant les relations commerciales, que surtout les relations politiques et morales des peuples. — Mais, le moyen auquel on a recours universellement pour atteindre ce nouveau but social, c'est-à-dire les chemins de fer qui, comme nous venons de le remarquer, forment ce moyen unique, est-il propre à remplir l'attente qu'on s'en fait? Eh quoi, si ces voies métalliques, loin de pouvoir réaliser, d'une manière durable, le vœu actuel et universel pour de rapides communications sociales, ne devaient qu'entraver le développement des vrais moyens propres à opérer ces promptes communications? Bien plus, si ces chemins de fer, tant vantés et tant recherchés aujourd'hui, n'étaient qu'une anomalie dans notre présente civilisation, c'est-à-dire, tranchons le mot, une véritable barbarie au milieu des lumières scientifiques qui sont déjà acquises à l'humanité?

Nous osons à peine proférer un tel paradoxe. Et cependant, c'est la vérité. — Nous allons le prouver.

Deux choses sont inhérentes à toute locomotion, et spécialement à la locomotion terrestre, de laquelle nous nous occuperons ici principalement, 'savoir, la RÉSISTANCE que le char éprouve dans son mouvement, et la FORCE DE TRACTION qui opère ce mouvement. — Or, comme nous allons le voir, ces deux conditions essentielles de la locomotion sont, dans les chemins de fer, sinon négligées entièrement, du moins méconnues au point qu'elles ne s'y trouvent remplies que par de grossiers procédés de routine vulgaire, c'est-à-dire sans aucun concours des moyens scientifiques dont la civilisation se glorifie aujourd'hui.

En premier lieu, pour ce qui concerne la RÉSISTANCE au mouvement des chars, elle consiste notoirement, sur un plan horizontal, en une partie essentielle, provenant du frottement qu'exerce le poids que l'on transporte, et en une partie accessoire, provenant des obstacles accidentels que le chemin oppose au mouvement des chars. — La première partie de cette résistance, celle qui est causée par le frottement de l'essieu contre les moyeux des roues, étant essentielle, forme la condition de tout mouvement par le moyen des chars; et comme telle, cette partie essentielle de la résistance est indestructible. Ainsi, le minimum possible du frottement qu'exerce le moyeu d'une poulie ou d'une roue quelconque contre son essieu fixe, étant entre $\frac{1}{14}$ et $\frac{1}{15}$ du poids qu'elles servent à élever, la partie essentielle et indestructible de la résistance que cause, pour un char, le frottement des moyeux de ses roues contre leurs essieux mobiles, se trouve à *priori* former le carré de cette quantité, savoir, un nombre entre $\frac{1}{196}$ et $\frac{1}{225}$, ou à peu près $\frac{1}{200}$ du poids qui est transporté par ce char sur un plan horizontal. Et telle est effectivement la résistance qu'opposent les chars à leur mouvement sur les chemins de fer, où l'on n'a précisément à vaincre que sa partie essentielle, celle que nous venons de déterminer. — Quant à la deuxième partie de la résistance que les chars éprouvent dans leur mouvement sur des chemins ordinaires, celle qui provient des obstacles accidentels que ces chemins opposent au mouvement et qui détruisent ainsi constamment une partie de ce mouvement, tels que sont, d'une part, les obstacles formés par les éminences des pavés qu'il faut franchir, et de l'autre, les obstacles formés par les enfoncemens des ornières dont il faut retirer les roues, il est évident que cette partie de la résistance au mouvement des chars n'est point essentielle, puisqu'elle n'est pas inhérente à la nature même du transport des poids sur un plan horizontal. L'expérience nous apprend que, sur nos routes ordinaires, cette partie accessoire de la résistance au mouvement est plus de trois et près de quatre fois plus grande que la susdite partie essentielle de cette résistance; de sorte que, sur ces routes ordinaires, la résistance au mouvement des chars se trouve augmentée, par cette partie accessoire, de plus de $\frac{3}{200}$ et près de $\frac{1}{50}$ du poids transporté par ces chars. Mais, comme purement accessoire, cette partie de la résistance au mouvement des chars, peut, en tout lieu, être diminuée indéfiniment, de plus en plus, en diminuant progressivement ces obstacles accidentels qui, par la nature des chemins, causent cette partie accessoire de la résistance. — C'est, en effet, de cette manière toute simple et toute naturelle, où l'on n'a évidemment besoin d'aucun concours scientifique, que l'on a successivement perfectionné les voies du charriage, en transformant ces voies, par une diminution progressive des obstacles accidentels qu'elles présentent, en véritables chemins ou routes, d'abord, en chemins plats, ensuite, en chemins boisés, cailloutés, et pavés, enfin, en routes macadamisées. Et c'est en suivant cette même routine, indépendante de tout concours scientifique, dans la seule vue d'écarter entièrement ces obstacles accidentels, formés par les irrégularités de la superficie des chemins, que l'on a été porté, en quelque sorte aveuglément, à consolider et à applanir les ornières de la voie par des rails ou bandes métalliques. — Telle est donc l'origine de routine et la nature non scientifique de nos modernes chemins de fer, que l'on voudrait faire considérer comme la gloire de l'époque scientifique où nous vivons.

En deuxième lieu, pour ce qui concerne la FORCE DE TRACTION qui opère le mouvement des chars, elle consiste à son tour, comme cela est également notoire depuis la plus haute antiquité, dans deux modes distincts d'application d'une force motrice, et nommément, dans une application directe de cette force, en lui donnant immédiatement, pour la réaction nécessaire, le point d'appui sur le sol même, et dans une application indirecte de la force motrice, en employant cette force à la rotation des roues, afin de se procurer ainsi médiatement, dans le frottement des roues contre le sol, le point d'appui nécessaire à établir la réaction mécanique. — La première de ces applications de la force, celle qui se pratique par l'emploi des hommes, des animaux, ou de la remorque, ne pouvait satisfaire au besoin actuel et universel d'une rapide locomotion. Il fallait donc recourir à la deuxième de ces applications connues, à celle qui s'opère par la rotation des roues, et qui, sous certaines conditions, monstrueuses à la vérité, peut effectivement imprimer aux chars un mouvement d'une vitesse considérable. C'est ainsi qu'en suivant un procédé bien connu et très vulgaire, celui de la rotation des roues d'un char pour opérer son mouvement, comme on le pratique depuis l'origine des chars, c'est ainsi, disons-nous, que, sans aucun concours scientifique, les constructeurs de nos modernes chemins de fer ont pu obtenir, pour le transport des chars, une vitesse supérieure à celle que peut procurer l'application directe de la force des animaux en mouvement. Mais, cette vitesse supérieure ne peut être obtenue qu'à des conditions très onéreuses et telles que, sans même considérer que le procédé de simple rotation des roues n'est qu'un vieux et grossier procédé de routine, l'accomplissement de ces conditions exigibles écarte toute application du savoir scientifique de l'époque présente, et nous fait rétrograder dans les temps barbares des grandes voies des Romains, voies qui ne peuvent être exécutées que par l'application immédiate du travail de l'homme, et par conséquent à la sueur de son front. En effet, le point d'appui qu'offre le frottement des roues d'un char contre le sol, dans ce grossier procédé de simple rotation des roues, est tellement faible qu'il faut, pour obtenir ainsi un mouvement du char et surtout un mouvement rapide, réduire à sa moindre intensité la résistance qui s'oppose à ce mouvement; et cette réduction extrême de la résistance exige principalement que le mouvement du char s'opère sur un plan horizontal ou sur un plan très peu différent du plan horizontal, pour n'avoir à vaincre que la susdite partie essentielle de la résistance au mouvement des chars, provenant du frottement de leurs essieux contre les moyeux de leurs roues. Comme nous l'avons vu plus haut, cette partie essentielle de la résistance n'équivaut qu'à $\frac{1}{200}$ du poids transporté par le char; et lorsqu'il s'agit de monter la moindre pente, il faut en outre soulever une bien plus grande partie de ce poids, suivant la plus ou moins grande inclinaison de cette pente sur le plan horizontal. Ainsi, pour une pente n'ayant qu'un degré d'inclinaison, il faut déjà soulever la $\frac{1}{50}$ partie du poids transporté par le char; de sorte que la résistance au mouvement du char serait alors sur les rails ou bandes métalliques des chemins de fer aussi grande que sur les routes ordinaires. On ne peut donc, comme nous venons de l'avancer, employer le procédé précaire de la simple rotation des roues, pour se procurer un mouvement et surtout un mouvement rapide, qu'autant que le chemin sur lequel s'opère ce mouvement, forme un plan horizontal ou un plan très peu différent d'un plan horizontal. Et c'est ainsi qu'en employant ce procédé vulgaire de simple rotation des roues, et en voulant néanmoins donner une vitesse considérable au mouvement des chars, les constructeurs de nos modernes chemins de fer sont forcés de ne guère s'écarter du plan horizontal dans toute l'étendue de leurs massives voies métalliques. Nous nous trouvons donc ramenés directement, par ce prétendu progrès de la civilisation moderne, aux temps barbares des gigantesques voies des Romains ; avec la seule différence que, dans ces temps-là, de tels travaux s'exécutaient par des populations vaincues et ne coûtaient rien à l'empire romain, tandis que, de nos jours, les mêmes travaux ne peuvent être exécutés qu'au taux élevé du salaire dans l'état actuel de l'industrie. Encore, ne tenons-nous pas compte ici de la nécessité où se trouvent en outre les constructeurs des chemins de fer de

6

ne pas s'écarter beaucoup de la ligne droite, pour éviter de courts rayons de courbure, parce que des perfectionnemens possibles pourraient, avec le temps, faire admettre ces courts rayons de courbure, quoiqu'on puisse établir, dés ajourd'hui, que de tels rayons de courbure seraient tonjours préjudiciables à ce mode de locomotion. Nous n'insistons ici principalement que sur la nécessité A JAMAIS INÉVITABLE de ne pas s'écarter du plan horizontal dans la construction de nos actuels chemins de fer fixes, nécessité qui, comme nous venons de le reconnaître, nous ramène droit aux temps barbares des voies romaines. Il serait en effet tout à fait illusoire de s'attendre à des perfectionnemens quelconques dans ce mode vulgaire d'application de la force à la simple rotation des roues, pour opérer un rapide mouvement des chars. L'attente de machines à vapeur rotatives, plus simples et plus puissantes, comme la manifeste, par suite de ses hautes connaissances, le savant rapporteur de la susdite commission de la Chambre des Députés, ne saurait servir de base à l'attente des perfectionnemens possibles dans la locomotion sur les chemins de fer par le mode actuel de simple rotation des roues; car, pour augmenter le point d'appui qu'offre le frottement de ces roues contre le sol, afin de pouvoir soulever le poids des chars sur des pentes un peu rapides, il faudrait augmenter outre-mesure la vitesse de la rotation de ces roues; et cette augmentation de la vitesse dans la rotation des roues entraînerait une augmentation proportionnelle dans la résistance qu'oppose le frottement des moyeux de ces roues contre leurs essieux, de manière qu'aucune force croissante des machines à vapeur ne saurait surmonter un frottement si considérable et également croissant avec cette force des machines. D'ailleurs, à quoi serviraient les rails ou bandes métalliques si l'on voulait, sur les chemins de fer, monter des pentes un peu rapides, puisqu'alors, comme nous l'avons vu plus haut, la résistance qu'il faut vaincre pour soulever le poids du char sur ces pentes, est hors de toute proportion avec celle qu'oppose l'irrégularité de la superficie du chemin ? Nous pouvons donc prévoir, avec certitude, que, si nous sommes condamnés à recevoir les chemins de fer, nous sommes condamnés en même temps à subir à perpétuité tout ce qu'il y a aujourd'hui d'inconvénients, économiques, politiques, et même moraux, dans cette reproduction actuelle des vieilles et inertes voies des Romains, surtout en considérant que les mêmes capitaux, dont la soustraction est déjà si onéreuse à la grande industrie naissante de notre époque, pourraient servir, dans le même but, et bien plus utilement, à la construction des canaux, de ces œuvres vraiment caractéristiques de la civilisation moderne, en ce qu'elles réunissent à l'avantage majeur et instant d'une locomotion supérieure à celle des chemins de fer, l'avantage immense de fertiliser et d'animer en quelque sorte le pays.

Ainsi, en résumant les deux susdites conditions de toute locomotion, savoir, la résistance au mouvement et la force tractrice qui opère ce mouvement, telles que nous venons de déduire ces conditions pour la locomotion sur les chemins de fer, nous pouvons, ce nous semble, établir irrécusablement que, loin de constituer la gloire de la civilisation moderne, comme on voudrait le prétendre, ces voies métalliques forment une anomalie dans cette haute civilisation, c'est-à-dire une véritable barbarie, en tant que, non seulement elles n'impliquent aucun concours des lumières scientifiques de notre époque, mais que, de plus, en n'admettant aucun perfectionnement possible, ces voies, lorsqu'elles seraient constituées légalement et avec privilége de monopole, seraient des barrières contre tout progrès scientifique qui tendrait à réaliser les promptes communications sociales dont les peuples civilisés ont besoin actuellement.

Mais, demandera-t-on peut-être, sur quelle base pouvez-vous fonder l'espoir d'un tel progrès scientifique, sans être obligé de faire entrer dans ce progrès, d'une manière quelconque, les magnifiques voies des Romains, qui seules paraissent propres à applanir toutes les difficultés de la locomotion? — Nous répondrons en citant d'autres magnifiques travaux des Romains, et nommément leurs gigantesques aquéducs, dont nous nous passons très bien aujourd'hui, pour opérer des conduites d'eau beaucoup plus considérables et plus ramifiées, par la seule application scientifique de nos progrès actuels dans l'hydrostatique et dans l'hydrodynamique.

Bien plus, nous allons, par le fait même, non seulement fonder l'espoir du progrès scientifique dont nous venons de reconnaître la nécessité pour arriver à des procédés propres à opérer une rapide locomotion, mais de plus réaliser, dès aujourd'hui, ce haut et important espoir de faire concourir la science à la découverte de procédés simples, moins coûteux, et beaucoup plus efficaces que les chemins de fer, pour établir, partout et sans de longues préparations, les promptes communications sociales, commerciales et politiques, que les peuples civilisés invoquent actuellement et avec de si vives instances. — Pour le faire méthodiquement, nous allons, d'abord, poser ici les vrais problèmes scientifiques qui, dans cet appel universel de la civilisation moderne, se présentent nécessairement et pour la première fois, et nous indiquerons, ensuite, les procédés, déjà réalisés, qui offrent la solution de ces nouveaux problèmes, proposés par l'industrie à la science.

Or, la déduction que nous venons de produire, pour les chemins de fer, des deux conditions fondamentales de toute locomotion, savoir, de la résistance au mouvement et de la force de traction qui opère ce mouvement, nous conduit immédiatement à poser, pour notre présente question scientifique, deux problèmes qui embrassent manifestement toute cette question. — Ces problèmes sont :

1° Pour écarter entièrement ou du moins pour réduire à son minimum possible la partie accessoire de la résistance au mouvement des chars, c'est-à-dire cette partie de la résistance qui provient des obstacles que les irrégularités de la superficie des chemins opposent au mouvement des chars et qui détruisent ainsi sans cesse une partie de ce mouvement, il s'agit manifestement de trouver un moyen de conserver, par sa propre inertie, le mouvement du char, en le soustrayant, par ce moyen, à l'action de ces obstacles accidentels que présentent les voies du charriage ; et cela, sans toucher en rien à ces voies du charriage elles-mêmes, pour ne pas retomber dans les chemins de fer.

2° Pour opérer une prompte locomotion d'un char ou d'un corps en général, en se servant d'une force de traction portée par le char même, et qui par conséquent ne saurait prendre son point d'appui sur le sol, il s'agit manifestement de découvrir les conditions du mouvement d'un corps par sa propre force de traction, afin de pouvoir reconnaître, par ces conditions, quel est le procédé le plus convenable de l'application de cette propre force tractrice, et quelles sont les limites de la vitesse avec laquelle un corps peut ainsi se mouvoir par sa propre traction ; et cela, sans se servir du procédé précaire et insuffisant de la simple rotation des roues, pour ne pas retomber non plus dans les chemins de fer.

Tels sont donc les deux nouveaux problèmes scientifiques que le progrès actuel de l'industrie sociale nous conduit à poser nécessairement, si nous ne voulons pas retourner à la barbarie romaine où nous entraînent nos modernes chemins de fer. Et c'est évidemment la solution de ces deux problèmes qui seule pourra remplir, d'une manière durable et efficace, l'attente universelle d'une rapide locomotion pour de promptes communications sociales. — Or, c'est cette décisive solution que nous annonçons comme étant déjà accomplie, non seulement dans ses conditions théoriques, mais même dans ses conditions pratiques, par la création réelle de procédés matériels qui remplissent complétement et rigoureusement les buts respectifs de ces deux nouveaux et difficiles problèmes scientifiques.

Avant de faire ici connaître les élémens essentiels de ces procédés matériels, nous ferons remarquer que les deux problèmes qu'ils servent à résoudre, tels que nous venons de les poser, sont entièrement nouveaux dans la science de la mécanique. En effet, nulle part, autant que nous sachions, aucun savant ne s'est encore proposé, avant nous, ni l'un ni l'autre de ces deux importans problèmes de la locomotion, auxquels aboutit manifestement toute l'industrie moderne. Et par là même, on comprendra facilement, pour peu que l'on reconnaisse la haute importance sociale de cette industrie moderne, que la solution positive des deux nouveaux problèmes auxquels elle nous a conduits, doit amener une complète RÉFORME DE LA LOCOMOTION, et par conséquent une réforme pareille dans toutes les communications sociales. — Voyons maintenant quels sont les élémens principaux des procédés matériels par lesquels nous avons ainsi obtenu, tout à la fois, et la solution des deux problèmes en question, et les moyens de la réforme industrielle qui en est l'inévitable conséquence.

Pour ce qui concerne le premier de nos deux grands problèmes, nous en obtenons la solution complète en isolant ou en rendant indépendant l'essieu qui porte le char, des jantes des roues sur lesquelles roulent cet essieu et le char entier. En effet, par suite de cette INDÉPENDANCE, en détruisant ainsi toute liaison mécanique entre l'essieu du char et les jantes des roues, l'action ou la résistance au mouvement du char, qu'exercent les obstacles accidentels, formés par les irrégularités de la superficie du chemin, ne s'applique immédiatement qu'aux jantes des roues, et ne se communique point à l'essieu ni par conséquent au char lui-même, où se trouve la masse que ce char sert à transporter; de sorte que, par sa propre inertie, le mouvement de cette masse demeure dans son intégrité, nonobstant l'action ou la résistance contraire à ce mouvement, exercée sur les jantes, lesquelles, étant ainsi entièrement isolées, subissent seules tout l'effet de cette impulsion contraire. Il suffit donc de restituer la très petite perte qui en résulte dans le mouvement des jantes, dont la masse est toujours très petite comparativement à celle qui, en y comprenant le char, est en mouvement à l'aide du char, pour n'avoir à vaincre que la susdite partie essentielle de la résistance au mouvement des chars, celle qui provient du frottement de leurs essieux contre les moyeux de leurs roues, et qui, d'après la détermination que nous en avons donnée plus haut, ne forme que $\frac{1}{200}$ du poids transporté par les chars. Et c'est ainsi qu'en cherchant en outre, dans nos procédés matériels, à réduire à sa moindre valeur le rapport entre la masse des jantes et la masse entière du char, et en y parvenant à réduire ce rapport à $\frac{1}{30}$, nous obtenons, par ces nouveaux procédés de locomotion terrestre, un résultat matériel tel que la résistance totale au mouvement des chars sur un plan horizontal ne forme que $\frac{1}{178}$ du poids transporté par ces chars; quantité qui diffère si peu de $\frac{1}{200}$, c'est-à-dire de celle à laquelle se réduit la susdite partie essentielle de la résistance au mouvement des chars, que l'on peut, en industrie, considérer ces quantités comme identiques. Or, comme nous l'avons dit plus haut, c'est aussi à cette quantité essentielle $\frac{1}{200}$ que se réduit la résistance au mouvement des chars sur les chemins de fer. Ainsi, les procédés qui nous ont donné la solution du premier de nos deux problèmes en question, offrent effectivement, pour l'industrie, des avantages en quelque sorte identiques avec ceux que présentent les chemins de fer, du moins, dans ce qui concerne la première des deux conditions de la locomotion terrestre, la résistance au mouvement des chars. Et par conséquent, dans le cas où le deuxième de ces grands problèmes modernes ne recevrait pas immédiatement une solution pratique également satisfaisante, c'est-à-dire dans le cas où il serait impossible de découvrir un mode de traction propre différent de celui de la simple rotation des roues, qui est actuellement employé sur les chemins de fer, cas où il demeurerait ainsi impossible de monter des pentes quelconques, les procédés que nous venons d'annoncer, serviraient déjà à faire remplacer, sur nos présentes voies romaines destinées aux chemins de fer, les rails ou bandes métalliques par de simples pavés ordinaires; ce qui serait déjà une immense économie, en considérant, comme on peut le prévoir ici, que ces procédés sont entièrement renfermés dans des roues locomotives, très simples et propres à se mouvoir, non seulement sur les chemins ou routes quelconques, mais même à travers des champs, sur des voies non frayées. — Ce n'est pas ici le lieu de présenter la description de ces procédés nouveaux, que nous venons de signaler comme étant destinés à donner la solution pratique du premier des deux grands problèmes modernes, par la réduction de la résistance qu'éprouve le mouvement des chars, à sa seule partie essentielle, constituant la première des deux conditions fondamentales de toute locomotion terrestre. Nous nous bornerons à dire que nous nommons ces nouveaux procédés mécaniques RAILS MOBILES ou CHEMINS DE FER MOUVANTS, par la raison que les roues locomotives qu'ils forment, portent en elles-mêmes des rails ou bandes métalliques sur lesquels s'opère le mouvement du char, comme sur de véritable chemins de fer fixes. Et pour bien préciser les principes de ces rails mobiles, nous ajouterons ici qu'en outre de leur susdite propriété caractéristique, consistant dans l'isolement ou dans l'INDÉPENDANCE de l'essieu du char et des jantes de ses roues, ils impliquent une deuxième propriété caractéristique, non moins décisive, celle d'une CONNEXION PERMANENTE entre cet essieu du char et ces jantes de ses roues, de manière que lorsque, par une force quelconque, les jantes viennent à recevoir une rotation déterminée, les moyeux indépendants de ces jantes et qui roulent sur l'essieu, subissent une rotation synchronique, c'est-à-dire telle que le même nombre de degrés est parcouru dans le même temps, et réciproquement lorsque, par une force quelconque, les moyeux qui roulent sur l'essieu du char, reçoivent une rotation déterminée, les jantes, indépendantes de ces moyeux, subissent de même une rotation synchronique. — On conçoit que, par ce SYNCHRONISME des mouvemens, qui complète les propriétés caractéristiques de nos rails mobiles, et qui introduit évidemment une unité systématique dans ces roues locomotives, non seulement toute complication de frottemens est absolument écartée, mais de plus une garantie positive est donnée de la solution complète et définitive du premier de nos deux susdits problèmes scientifiques.

Pour ce qui concerne le second de ces deux problèmes modernes, celui où il s'agit de découvrir le véritable mode de traction-propre des chars, tel que, par l'application d'une force purement égale à celle de la résistance au mouvement sur des pentes, on puisse monter toutes les pentes, quelque rapides qu'elles soient, nous obtenons la solution également complète de ce deuxième problème, en prenant le point d'appui de la force motrice, non dans le faible et précaire frottement des roues contre le sol, comme on le fait par une inepte routine sur les chemins de fer fixes, mais bien dans la gravitation même des masses qui reçoivent ainsi une locomotion spontanée. En effet, toute résistance possible au mouvement des corps libres à la surface de la terre ne peut évidemment provenir de rien autre que de leur propre gravitation; et par conséquent, cette GRAVITATION PROPRE des corps à la surface de la terre doit nécessairement contenir une force suffisante pour former une pleine réaction à toute force motrice qui, pour opérer une locomotion dans ces corps, aurait à vaincre leur résistance à ce mouvement, puisque cette résistance ne peut ici provenir que de cette gravitation elle-même. Et c'est ainsi que, par des procédés matériels très simples, en prenant le point d'appui de la force motrice dans la gravitation même des masses du char, nous pouvons, avec une vitesse proportionnelle à cette force, faire monter ces masses sur toutes les pentes, quelque inclinées qu'elles puissent être. Toutefois, nous devons faire remarquer que, puisque le point d'appui est ainsi formé par la gravitation même des masses du char, la force motrice destinée à opérer leur locomotion, ne saurait, dans l'intensité de la pression, qui en est un des élémens, excéder l'intensité de cette gravitation des masses; ce qui fixe ainsi des limites ou des conditions spéciales à cette traction-propre des corps, c'est-à-dire à leur locomotion spontanée ou opérée par une force propre, inhérente à ces corps ou portée par eux-mêmes. C'est en cela précisément que diffère le MOUVEMENT COMMUNIQUÉ aux corps par des forces étrangères, ayant leur point d'appui hors de ces corps, et le MOUVEMENT PROPRE ou spontané des corps, imprimé à ces corps par leur propre force, ayant ainsi leur point d'appui dans ces corps eux-mêmes. Le premier de ces mouvemens, savoir, le mouvement communiqué, n'est évidemment soumis à aucune condition restrictive, et peut ainsi augmenter indéfiniment avec l'augmentation de sa force motrice, qui en est absolument indépendante. Et le second de ces mouvemens, savoir, le mouvement propre, tel qu'est la locomotion spontanée des chars ou d'autres corps qui portent eux-mêmes leurs forces motrices, se trouve, d'après ce que nous venons de reconnaître, soumis à des conditions restrictives, provenant de l'intensité de la gravitation des corps qui se meuvent ainsi par une traction propre; conditions qui limitent manifestement la quantité de ce mouvement propre. Toutefois, par une remarquable finalité de la nature, ces limites ou conditions restrictives sont tellement étendues que, pour tous les corps qui jouissent d'un tel mouvement propre, et spécialement pour nos chars dans la locomotion terrestre, la quantité ou la vitesse du mouvement peut, par la simple augmentation de la vitesse dans la force motrice, être augmentée bien au-delà de tout besoin possible dans l'emploi de ce mouvement propre ou spontané des corps. — De cette manière, en prenant pour point d'appui de la force motrice la gravitation des masses du char, nous parvenons, avec nos nouveaux procédés de traction-propre dans la locomotion terrestre, non seulement à donner à volonté une vitesse quelconque au mouvement des chars sur un plan horizontal, de 5, 10, à 15 lieues par heure, autant que le char peut en supporter sans se briser, mais de plus, et c'est ce qui est ici décisif, à faire monter ces chars sur des pentes quelconques, avec une vitesse proportionnelle à la force motrice dont nous voulons disposer; et cela à la seule condition susdite que l'intensité de la pression dans cette force motrice ne dépasse pas l'intensité de la gravitation des masses du char. On conçoit ainsi que, par cette application de la science moderne à la locomotion terrestre, qui nous à même de faire gravir rapidement les chars sur les pentes les plus considérables, les chemins de fer, et surtout leur reproduction des inertes voies des Romains, deviennent actuellement aussi inutiles que les gigantesques aquéducs de ce peuple ignorant. — Ce n'est pas non plus ici le lieu de présenter la description de ces procédés nouveaux, que nous venons de signaler comme étant destinés à donner la solution pratique du second des deux susdits grands problèmes modernes, par la découverte du véritable mode de traction-propre, tel que nous venons de le faire connaître, comme formant la seconde des deux conditions fondamentales de toute locomotion terrestre. Nous nous bornerons à dire que nous désignons ces procédés du nom simple de TRACTION-PROPRE, qui en dénote manifestement la nature, et que nous nommons DROMADES nos nouvelles machines locomotives, en tant qu'elles sont munies de cette traction propre, quelle que soit d'ailleurs la nature spéciale de la force mécanique qui y est appliquée, celle des hommes, celle de la vapeur, ou celle de tout autre moteur quelconque. Enfin, pour bien préciser également les principes de cette traction propre et de nos dromades, nous ajouterons ici qu'en outre de leur susdite propriété caractéristique, consistant dans le point d'appui de leur force motrice, pris dans la GRAVITATION DES MASSES du char, elles impliquent une deuxième propriété caractéristique, également décisive, celle de ce que la rotation des roues de ces dromades, loin d'être la CAUSE de leur locomotion, comme dans le procédé routinier des chemins de fer, cette rotation des roues est ici un simple EFFET de la traction-propre et immédiate de ces nouvelles machines locomotives. Aussi, dans leur mouvement progressif, lorsque le maximum de traction-propre est réalisé par nos procédés, les roues des dromades, loin de racler le sol par une rotation superflue, afin d'obtenir un point d'appui par le frottement de ces roues contre le sol, comme dans le susdit procédé inepte des chemins de fer, ne font que rouler sur le sol, comme dans les chars ordinaires, lorsqu'ils sont traînés par des animaux. Et cette EXCLUSION DE TOUTE CAUSALITÉ dans la rotation des roues, qui complète les propriétés caractéristiques de nos dromades, et qui décèle évidemment l'action systématique d'une véritable traction-propre dans ces nouvelles machines locomotives, nous offre ici, à son tour, la garantie positive de la solution complète et définitive du second de nos deux susdits problèmes scientifiques.

Ainsi, par ces solutions accomplies que nous venons de faire connaître, et qui n'ont été obtenues manifestement que par le concours des lumières scientifiques de notre époque, les deux grands problèmes de l'industrie moderne, tels que nous les avons posés plus haut, comme étant l'expression des besoins actuels de la société, et par conséquent des obstacles qu'il fallait vaincre pour assurer son développement ultérieur, cessent immédiatement des ce jour même, d'arrêter les progrès de la civilisation par les difficultés en quelque sorte insurmontables qu'ils paraissaient impliquer dans leur solution. En effet, la locomotion rapide et si difficile à obtenir, qui a été l'objet de ces deux problèmes, pour réaliser de promptes communications sociales, industrielles et politiques, se trouve établie réellement, dans toutes ses conditions, par les procédés matériels que nous venons de signaler; et cela même, nous osons le dire, avec une si haute perfection qu'il en résulte une véritable RÉFORME DANS TOUTE LA LOCOMOTION, terrestre, fluviale et maritime. — Et alors, dans ce nouvel ordre de choses, et spécialement dans ce nouvel état de la locomotion terrestre, les magnifiques chemins de fer fixes, qui, dans tous leurs procédés, sont diamétralement opposés à cette réforme de la locomotion, ainsi que nous venons de le voir en grand détail, non seulement sont opposés aux véritables progrès de la civilisation, mais de plus contrastent si fortement avec ces progrès qu'ils présentent en vérité quelque chose de risible dans leur barbare reproduction actuelle des massives et inertes voies des Romains.

Mais, plût au Ciel, que ces magnifiques chemins de fer, si étranges dans notre époque, ne pussent produire que le rire! — Leur manifeste contraste avec les progrès éclairés de la civilisation, les constitue ennemis nés de tout progrès scientifique dans l'art mécanique de la locomotion. Et cette disposition à former des entraves aux progrès des lumières, disposition qui est déjà inhérente à l'essence même des chemins de fer, se trouverait transformée en opposition positive, réelle et permanente, contre ces progrès, dans tout ce qui peut concerner l'application des sciences à la locomotion, dès le jour où l'établissement de ces voies métalliques serait érigé en institution légale et surtout doté du privilége de monopole.

C'est dans cette certitude que l'auteur de la présente pétition croit juste d'invoquer humblement la protection des deux Chambres législatives de France contre tout obstacle qui, par suite d'une telle institution légale des chemins de fer, dotée en outre du privilége de monopole, pourrait lui être opposé dans la pleine application de ses nouveaux procédés à la locomotion générale en France. A cette fin, il prend ici la liberté de supplier ces deux augustes Chambres législatives de vouloir bien, dans toutes les concessions qu'elles pourraient accorder pour ces institutions légales des voies métalliques, faire introduire, dans les cahiers des charges des concessionnaires, la clause expresse d'une LIBRE CONCURRENCE avec les chemins de fer de toute autre industrie locomotive.

Tout en se fondant d'abord et en général sur le droit commun en France, le pétitionnaire invoque ici en outre, pour fonder la présente et humble demande, son droit positif de propriété, que lui concèdent les brevets qui, en vertu des lois antérieures et formelles, lui ont été accordés, par le Gouvernement français, pour la libre exploitation dans ce pays de ses nouveaux procédés de locomotion, tels que nous venons de les signaler dans cette pétition. En effet, par les ordonnances royales du 25 août 1836 et du 11 février 1838, il a été accordé au pétitionnaire, conformément aux lois, des brevets d'invention et de perfectionnement de quinze ans pour ses nouveaux procédés de locomotion, formant la TRACTION-PROPRE et les DROMADES; et par l'ordonnance royale du 30 octobre 1836, il lui a été accordé, toujours conformément aux lois, un brevet d'invention de quinze ans pour ses nouveaux procédés de locomotion, formant les RAILS MOBILES OU CHEMINS DE FER MOUVANS.

C'est en vertu de ce droit positif que le pétitionnaire a procédé à la construction des modèles en grand de ces différens procédés de locomotion terrestre; construction pour laquelle des sommes assez considérables ont été déboursées. Et c'est aujourd'hui, précisément au moment que ces modèles sont achevés et prêts à être exposés au public dans leur vaste dépôt général, situé à Paris, aux Champs-Élysées, allée des Veuves nº 17, et rue de Marbeuf nº 2 bis, afin de pouvoir procéder immédiatement, sans aucun retard ultérieur, à l'exploitation universelle, sur toutes les routes de France, de ces nouveaux et décisifs moyens de locomotion, c'est aujourd'hui précisément, disons-nous, que le pétitionnaire se voit menacé de rencontrer d'invincibles entraves au libre exercice de ses droits et peut-être même de perdre entièrement ces droits sacrés de propriété.

Ces justes craintes du pétitionnaire sont fondées légalement sur la présentation récente, à la Chambre des Députés, de plusieurs projets de lois pour la concession de chemins de fer, parmi lesquels il en est où l'on exclut expressément la concurrence avec ces chemins de fer. Il est vrai que cette exclusion ne s'adresse littéralement qu'à d'autres chemins de fer fixes, sans doute par la juste considération que deux tels chemins métalliques ne sauraient, sans se ruiner réciproquement, subsister sur la même ligne publique de transport ou de locomotion ; considération qui déjà fait augurer très défavorablement de l'utilité réelle de ces chemins de fer fixes ; car, toute branche d'industrie qui ne peut se soutenir que par le monopole, n'est certainement pas d'une utilité majeure pour la société. Mais, par là même que les chemins de fer fixes ne peuvent soutenir la concurrence d'autres chemins de fer pareils, de crainte d'être ruinés, ils pourraient encore moins soutenir la concurrence de nos nouveaux procédés de locomotion terrestres, qui sont signalés dans cette pétition, parce que, et nous devons le dire ici, nos tarifs seront beaucoup au-dessous des tarifs que pourront établir les chemins de fer fixes, et parce que la vitesse du mouvement de nos dromades, par le moyen de nos procédés de traction-propre, sera, sans aucune comparaison, beaucoup plus grande que celle que l'on peut obtenir sur les chemins de fer fixes. Bien plus, et nous le déclarons franchement, le résultat inévitable de la concurrence libre de nos nouveaux procédés de locomotion avec les chemins de fer fixes, sans que nous ayons nullement l'intention d'amener un si fâcheux résultat, sera, par la seule force des choses, une ruine certaine des entreprises de ces chemins de fer ; de sorte que, dans très peu de temps, il ne leur restera que le parti de vendre au poids leurs rails ou bandes de fer, et de livrer leurs massives voies, en les pavant, à l'exploitation par nos nouveaux procédés de locomotion, si toutefois ces voies se trouvent alors préférables pour ces faciles procédés. Ainsi, dans le cas où les Chambres législatives de France accorderaient le monopole demandé pour les chemins de fer, même dans le sens littéral et restreint où ce monopole est fixé par les projets de lois, en ne le dirigeant expressément que contre d'autres chemins de fer fixes, l'intention des législateurs serait nécessairement de préserver par-là les concessionnaires de la ruine dont ils sont menacés par la concurrence ; et alors, cette intention manifeste, car on ne saurait en concevoir aucune autre, s'appliquerait à plus forte raison à la concurrence beaucoup plus dangereuse de nos nouveaux procédés de locomotion. Lors même que l'on prétendrait que, d'après la lettre de la loi, cette intention des législateurs ne s'applique expressément qu'à la seule concurrence entre les chemins de fer eux-mêmes, et ne s'étend point à d'autres procédés de locomotion, parce qu'une telle extension du sens de la loi priverait la France de toutes les améliorations possibles dans cette importante branche de l'industrie moderne, le pétitionnaire se verrait néanmoins exposé, dans la libre exploitation de ses nouveaux procédés, à mille entraves, de mille natures différentes, par suite d'une telle concession législative du monopole aux chemins de fer ; et cela évidemment comme une espèce de conséquence tacite de l'esprit de cette concession légale, consistant à faire éviter la ruine d'immenses capitaux engagés dans ces gigantesques entreprises. Le pétitionnaire se croit donc fondé légalement dans les craintes qui le portent à supplier les deux Chambres législatives de lui accorder la juste protection qu'il réclame, en daignant faire insérer, dans les cahiers des charges des concessionnaires des chemins de fer, la susdite et unique clause expresse d'une LIBRE CONCURRENCE avec ces chemins métalliques de toute autre industrie locomotive.

Nous ne doutons pas que si les deux Chambres législatives de France, dont les lumières et le zèle pour le bien public sont les caractères distinctifs, pouvaient, dans l'ensemble des motifs que nous venons d'exposer, trouver des raisons suffisantes pour se décider à nommer une commission d'enquête, nous parviendrions, par des expériences positives, à transmettre à ces deux augustes Chambres la conviction de la réalité de la réforme que nous annonçons ici pour toute la locomotion, terrestre et maritime. Et en effet, confiant dans la justice des deux Chambres législatives de France, le pétitionnaire ne peut craindre d'échouer auprès d'elles dans son humble demande de protéger ses droits, que par le fait singulier de ce qu'il pourrait y avoir d'incroyable dans la grandeur même de la chose pour laquelle il invoque une si juste protection. Aussi, dans le cas où cette haute protection lui serait refusée, le pétitionnaire, loin de se plaindre aucunement de quelqu'injustice que ce soit, n'en accuserait que ses propres destinées, qui, en toute chose, l'empéchent d'entraîner ses contemporains vers un meilleur avenir, même dans leurs intérêts les plus palpables et entièrement matériels.

Quoi qu'il en soit du motif par lequel les Chambres législatives de France refuseraient au pétionnaire la protection que, dans cette grave circonstance, il se croit fondé à invoquer auprès d'elles pour ses droits incontestables, il lui serait impossible d'interpréter légalement ce refus authentique autrement que comme une véritable EXPROPRIATION de la propriété qui lui est acquise, conformément aux lois, par les susdit brevets qu'il a obtenus du Gouvernement français. — Ainsi, dans le cas où, ne trouvant pas dignes de leur attention les raisons qu'il lui a été possible de produire dans la présente pétition, ces puissantes Chambres croiraient devoir passer à l'ordre du jour à l'égard de cette pétition, son auteur serait forcé d'interpréter légalement cet ordre du jour comme une initiative de son expropriation. Et lorsque ces mêmes Chambres législatives voteraient la concession légale du monopole en faveur de chemins de fer fixes, concession qui ferait perdre au pétitionnaire ses susdits droits incontestables, il se verrait nécessairement forcé d'interpréter légalement cette concession comme une consommation définitive de son expropriation. — Sa pétition présente lui servirait alors de protestation légale contre une telle expropriation, si préjudiciable à ses intérêts, afin de se réserver par-là le droit de réclamer, conformément aux lois, la juste indemnité qui lui serait due pour cette expropriation.

Aussi long-temps qu'il n'a pas été question de monopole dans la concession des chemins de fer, il était inutile de réclamer la libre concurrence, puisqu'elle était de droit pour tout le monde. Et cette réclamation était encore plus inutile au pétitionnaire, qui avait acquis préalablement le droit formel et incontestable d'une libre exploitation en France de ses nouveaux procédés de locomotion. — Quant au dernier projet de loi dans lequel le Gouvernement faisait valoir son droit d'exécuter lui-même les grandes lignes de chemins de fer, nous avons cru inconvenable de réclamer alors, non contre le monopole, mais contre l'exclusion de notre concurrence sur ces grandes lignes de locomotion, parce que nous regardons comme seule sacrée l'expropriation au nom de la SURETÉ PUBLIQUE, qui est l'unique et le véritable but de l'État, et qui, surtout en France, est évidemment et intimement liée à la libre et exclusive possession des grandes lignes de locomotion par le Gouvernement. Nous nous soumettions ainsi en silence et avec respect à la juste prétention du Gouvernement français de faire ici valoir son inviolable droit, sans lequel l'existence même de l'État est impossible; et nous nous réservions seulement le droit individuel de réclamer, en temps opportun, l'indemnité pour notre expropriation sur ces grandes lignes, pour cette expropriation qui, nous le répétons, est seule sacrée et irrécusable. Sans doute, nous respectons également la décision souveraine de la Chambre des Députés, par laquelle ce projet de loi a été rejeté. Mais, nous avons le droit de ne pas attribuer ce rejet à la récusation du droit du Gouvernement de tenir à sa disposition, pour la sûreté de l'État, les grandes lignes de locomotion en France, parce que rien de tel n'est entré ni ne pouvait entrer dans la discussion éclairée de cette Chambre législative, par la raison que ce serait là récuser le BUT même de l'État, la sûreté publique, qui est la base, et l'unique base possible de la légalité elle-même dans l'existence de tout pouvoir politique. Nous attribuons ce rejet, et nous ne pouvons raisonnablement et légalement l'attribuer à rien autre qu'aux deux grands motifs, considérés ici uniquement comme MOYENS de réalisation du susdit BUT de l'État, savoir, le grand motif allégué par le savant M. Arago,

14

consistant dans l'imperfection actuelle des chemins de fer , et le grand motif allégué par l'honorable M. Berryer, consistant dans l'énormité des frais qu'exigerait la construction de ces gigantesques chemins métalliques sur les grandes lignes de la France. Aussi , en pouvant aujourd'hui , par le fait même des nouveaux procédés de locomotion que nous apportons , rendre une éclatante justice à la sage prévision de ces deux illustres membres de la Chambre des Députés, et par là même à la décision de cette Chambre éclairée, nous osons espérer , pour le bien de la France et de l'Europe entière , que, lorsque ces deux grands motifs de rejet sont à jamais écartés par la réforme actuelle de la locomotion terrestre, le Gouvernement français ressaisira son droit irrécusable de tenir en son pouvoir la locomotion sur les grandes lignes de ce puissant empire. Et nous nous soumettrons alors, avec le même respect, à notre expropriation sur ces grandes lignes , comme à une conséquence inévitable, ou plutôt comme à une condition nécessaire pour la garantie elle même de nos autres droits. Mais , lorsqu'il s'agit actuellement de concéder le monopole aux chemins de fer, et d'exclure ainsi la concurrence dans cette branche de l'industrie, au seul nom D'UTILITÉ PUBLIQUE, car on ne peut en alléguer aucun autre pour ces concessions de chemins de fer, nous refusons hautement de renoncer à nos susdits droits que nous avons acquis légalement en France, et nous ne nous soumettrons à notre expropriation à cet égard que par la soumission nécessaire à une nouvelle loi, dérogeant ainsi aux lois antérieures qui nous ont conféré nos droits. En effet, sans considérer ici que nos procédés de locomotion sont bien autrement aptes à remplir le but secondaire d'utilité publique, ainsi que nous l'avons prouvé dans la présente pétition , nous nous bornerons à faire remarquer qu'en général l'utilité publique, purement comme telle, n'entre point immédiatement et par elle-même dans le susdit but de l'État, la sûreté publique, et par conséquent que l'on ne saurait interpréter, avec une raison suffisante , la loi de 1833, en ce qu'elle concerne l'expropriation pour utilité publique, qu'autant que cette utilité se trouverait intimement liée avec la sûreté publique, avec le but de l'État. Or, personne sans doute ne voudra soutenir que les compagnies de chemins de fer ont pour but la sûreté de l'État. Bien au contraire, personne ne peut méconnaître que ces exploitations partielles et suzeraines des chemins de fer sont en tout contraires à la sûreté publique, principalement en ce qu'elles envahissent le droit irrécusable du Gouvernement de tenir en son pouvoir les grandes lignes de la France.

En terminant ici sa supplique, le pétitionnaire prie les deux Chambres législatives auxquelles il l'adresse, de vouloir bien remarquer que, pour obtenir leur puissante protection, il ne s'est point permis de faire valoir, comme motif de détermination , ni le bien public qui résulterait de l'introduction en France de la réforme qu'il annonce pour toute locomotion, ni le préjudice public qui résulterait pour la France de l'exclusion légale de cette réforme par des concessions d'un monopole qui lui serait opposé, à côté de la réalisation inévitable de la même réforme dans les pays étrangers. — Le pétitionnaire ne se connaît aucune mission, ni légale ni autre, de soumettre de telles considérations aux deux Chambres législatives de France, et il se renferme conséquemment et expressément dans le seul droit de réclamer humblement, auprès de ces augustes Chambres, la juste protection pour des droits incontestables, qu'il est menacé de perdre dans ce pays.

Et c'est dans cette seule qualité légale que le pétitionnaire, en exprimant ici son profond respect pour les deux Chambres législatives de France, se dit,

Messieurs les Pairs et Messieurs les Députés,

Votre très-humble et très-obéissant serviteur,

Signé : Hoëné Wronski.

Paris, le 30 mai 1838.

RÉCLAMATION

AUPRÈS DE LA COMMISSION DE LA CHAMBRE DES DÉPUTÉS,

CONCERNANT

LE CHEMIN DE FER DE PARIS A LA MER, PAR LES PLATEAUX.

Messieurs les COMMISSAIRES DE LA CHAMBRE,

Vous pourrez voir, dans la Pétition ci-jointe, quels sont les motifs majeurs, les conclusions légales, et les conséquences que je crois inévitables, dans la démarche que je me vois forcé de faire pour obtenir, des Chambres législatives de France, une juste protection pour mes droits sacrés de propriété. J'ajouterai seulement ici que, par une respectueuse bienséance envers ces augustes Chambres, je ne me suis permis, en m'adressant à elles directement, de qualifier que du nom d'EXPROPRIATION la perte qui résulterait pour mes droits de la concession législative du MONOPOLE en faveur de chemins de fer. En réalité légale, cette perte serait ainsi une véritable SPOLIATION, et surtout une spoliation législative, la plus dangereuse de toutes, parcequ'elle saperait les fondemens même de l'existence de l'État. — Je vais prendre la liberté de le prouver ici.

Déjà dans la présente Pétition, pour faire sentir ce caractère légal de la perte dont je suis menacé, j'ai dû rendre attentif sur la distinction essentielle et très grave qui existe entre la SURETÉ PUBLIQUE et l'UTILITÉ PUBLIQUE, au nom desquelles, d'après l'opinion générale en France, pourraient être exercées des expropriations légales par suite de concessions législatives des chemins de fer, savoir, au nom de la sûreté publique, en faveur du Gouvernement, pour les grandes lignes de la France, et au nom de l'utilité publique, en faveur de compagnies industrielles, pour des lignes secondaires de simples communications commerciales. Cette grave distinction, sur laquelle, il faut le dire, la raison humaine commence à être égarée aujourd'hui, consiste en ce que la SURETÉ PUBLIQUE porte en elle le caractère impératif d'une nécessité morale, qui force tout homme à la soumission et qui établit ainsi, dans cette sûreté inviolable, le BUT DE L'ÉTAT, c'est-à-dire le but de l'association morale et coërcitive des hommes, pour la garantie du BIEN sur la terre, garantie qui seule peut conduire l'humanité à ses dernières destinées ; tandis que l'UTILITÉ PUBLIQUE, considérée en elle-même, ne porte proprement que le caractère de ce qui est licite comme simple contingence physique, et de ce qui, dans ce caractère non impératif, peut former le BUT DE COMPAGNIES INDUSTRIELLES, c'est-à-dire le but d'associations physiques et libres, pour l'obtention du BIEN-ÊTRE sur la terre, obtention qui ne conduit qu'à l'accomplissement des conditions physiques de la vie terrestre, et non à l'accomplissement des conditions éternelles de la raison infinie de l'homme. — Or, en me fondant, dans la Pétition elle-même, sur cette grave et décisive distinction, que tous les hommes portent encore, plus ou moins clairement, au fond de leur conscience, et qui, par conséquent, doit être l'esprit intime de toutes les lois existantes, je déclare que je me soumettrai avec respect à l'expropriation ou à la perte de mes droits en faveur de la sûreté publique, lorsque le Gouvernement ressaisira son droit irrécusable de retenir en son pouvoir les grandes lignes de communication en France, mais que je refuse formellement de me soumettre à l'expropriation en faveur de la prétendue utilité publique, telle qu'elle est offerte à la France dans le monopole de l'exploitation des chemins de fer par des compagnies, parceque cette expropriation ne serait ici pour moi qu'une véritable spoliation.

Sans doute, l'utilité publique peut souvent, et même très souvent, se lier intimement à la sûreté publique ; et alors, elle devient évidemment aussi obligatoire moralement que cette sûreté elle-même, formant le but de l'État. C'est ainsi que, par suite de cette liaison intime ou de cette connexion morale entre l'utilité publique et la sûreté publique, l'expropriation pour cause d'utilité publique peut devenir légale ; et c'est précisément et uniquement sur cette connexion morale, et non sur rien autre, que se fondent, dans tous les pays, les diverses lois existantes, concernant l'expropriation pour cause d'utilité publique. — Ainsi, par exemple, dans l'exécution par le Gouvernement des grandes lignes de communications en France au moyen de chemins de fer, l'utilité publique, s'il pouvait y en avoir dans les chemins de fer, se lierait intimement à la sûreté publique ; et c'est par suite de cette connexion morale qu'il deviendrait obligatoire de subir l'expropriation qui résulterait de cette intervention légale du Gouvernement dans l'exploitation des grandes lignes de communication en France. Mais, dans l'exécution et la possession des che-

16

mins de fer par des compagnies particulières, surtout avec le privilége de monopole, l'utilité publique, s'il y en avait, loin d'être liée intimement à la sûreté publique, serait évidemment contraire à cette sûreté, formant le but de l'État; et cela par mille raisons majeures, principalement par la raison décisive et plus que suffisante que ces compagnies usurperaient, sur le Gouvernement, son droit inaliénable, sans lequel un État, vaste et ouvert sur ses frontières, ne peut subsister, savoir, le droit de tenir en son pouvoir les grandes lignes de communications.

Je suis donc fondé légalement à m'opposer à toute expropriation ou à la perte de mes droits en faveur d'une pareille utilité publique, qui, loin d'être revêtue du susdit caractère moral d'une connexion intime avec la sûreté publique, présente au contraire, et bien manifestement, le caractère immoral d'une atteinte possible à la sûreté publique, au but même de l'État.

Bien plus, pourquoi devrais-je consentir de moi-même à perdre mes droits au nom de l'utilité publique, lors même que cette utilité serait autorisée par des lois, et par conséquent supposée conforme au susdit esprit intime des lois sur l'expropriation pour cause d'utilité publique? Mes droits pour l'exploitation libre de mes nouveaux procédés de locomotion en France, droits que j'ai acquis en vertu de lois existantes, formelles, et très graves dans leurs conséquences, ont précisément en vue cette même utilité publique que l'ont veut ainsi, sans une suffisante connaissance des choses, attribuer exclusivement aux chemins de fer. — La science et l'expérience ont-elles donc condamné déjà mes procédés de locomotion? Que l'on établisse une enquête administrative, comme le demande l'article 3 de la loi du 7 juillet 1833, et je prouverai, par la science et par l'expérience, que mes nouveaux procédés opéreront infailliblement une heureuse réforme dans toute la locomotion, et que cette réforme peut, sans aucune préparation ultérieure, être mise en exécution immédiatement. — D'ailleurs, je ne demande qu'une libre concurrence. Si les compagnies de chemins de fer peuvent apporter à la France la même utilité ou une utilité supérieure, qu'ont-elles besoin de monopole? — Il s'agit donc uniquement de ravir mes droits pour les donner à d'autres; et c'est contre cette SPOLIATION MANIFESTE que je réclame ici formellement.

La France pourra se former une idée de l'étendue de la perte que me causerait une telle spoliation, en se rappellant, comme cela a été de notoriété publique, que, par un acte du 26 septembre 1833, avant même que j'eusse obtenu mes brevets d'invention, j'avais cédé une partie de mes procédés de locomotion, et seulement pour le charriage public, à la compagnie Lafitte et Caillard des Messageries générales, pour la somme de quatre millions de francs. Et elle pourra en outre apprécier toute l'injustice pour moi de la spoliation dont je suis menacé, en mettant en opposition le monopole légal, formel, et bien déclaré, par lequel on veut aujourd'hui m'arracher ma propriété, avec la seule crainte d'un monopole que j'avais cru, sans doute à tort, pouvoir résulter de ma concession à une seule compagnie, crainte qui me fit saisir le premier prétexte pour demander et obtenir, même avec des conditions onéreuses, la résiliation du contrat signé avec cette riche et libérale compagnie.

Enfin, si je devais ainsi perdre mes droits, les lois sur les brevets d'invention en France deviendraient, non-seulement illusoires, mais de plus extrêmement préjudiciables aux hommes qui consacrent leurs veilles à scruter les lois du monde, et qui réussissent ainsi quelquefois à apporter aux autres hommes des moyens propres à augmenter leur bien-être ou du moins à soulager leurs peines. Si j'avais pu croire qu'à côté de l'existence formelle de lois positives en France, les droits qu'elles m'ont conférés, pouvaient m'être ravis arbitrairement, je n'aurais certainement pas dévoilé les secrets de mes inventions, pour en faire jouir gratuitement d'autres pays. J'espérais pouvoir, tout à-la-fois, et retirer en France quelque rémunération pour mes longs et difficiles travaux, et surtout payer, par le bien que j'apportais dans le fruit de ces travaux, la dette sacrée de ma reconnaissance à ce pays hospitalier, où j'ai conçu et accompli toutes mes productions intellectuelles.

J'ai l'honneur d'être avec respect, Messieurs les Commissaires de la Chambre,

Votre très-humble et très-obéissant serviteur,

Signé, Hoëné Wronski.

Paris, le 3 juin 1838.

SUPPLIQUE

A SA MAJESTÉ LE ROI DES FRANÇAIS,

SUR LA BARBARIE DES CHEMINS DE FER,
ET SUR LA RÉFORME SCIENTIFIQUE DE LA LOCOMOTION.

SIRE ,

Dans une Pétition adressée aux deux Chambres législatives, qui est ici annexée, Votre Majesté pourra prendre connaissance de l'objet général de la protection que je me vois forcé d'invoquer en France. Je ne me permettrai donc pas d'abuser de vos précieux momens, Sire , en reproduisant ici, pour faire connaître ma réclamation , ses principes et ses conséquences juridiques, que je crois péremptoires et suffisamment établis dans ce document légal. Je me bornerai à soumettre à Votre Majesté, dans la vue d'une protection ultérieure et nommément d'une protection administrative, une grave interprétation du sens intime de la Pétition ci-jointe , en osant fonder cette interprétation légale sur le sens littéral des projets de lois auxquels se rapporte cette Pétition et qui sont émanés de votre Gouvernement.

Ainsi , après avoir établi, auprès d'une Commission de la Chambre des Députés, que ce que je nomme respectueusement EXPROPRIATION dans la Pétition , serait, en réalité légale, une véritable SPOLIATION, je crois nécessaire d'établir en outre , auprès de votre Gouvernement, Sire , que, comme telle, cette expropriation serait légalement impossible, et par conséquent que toute concession législative, pure et simple, du monopole en faveur de quelques chemins de fer, monopole par lequel je pourrais être empêché dans le libre exercice de mes droits et de leurs conséquences nécessaires, serait considérée par moi, du moins en ce qui concerne mes propres droits, comme LÉGALEMENT INVALIDE, puisqu'une telle concession législative du monopole serait ici en contradiction manifeste avec des lois antérieures, qui ne seraient pas abrogées par cette concession et en vertu desquelles précisément j'ai acquis ces droits sacrés de propriété. Déja, dans ma Pétition (page 14), je déclare que je ne me soumettrai à une expropriation de cette nature que « par la soumission nécessaire à une nouvelle loi , dérogeant ainsi aux lois antérieures qui m'ont conféré mes droits ». Et j'entends respectueusement que , dans le cas présent, cette DÉROGATION devrait être une véritable ABROGATION des lois qui existent en France sur les brevets d'invention, et qui, comme je viens de le dire, m'ont conféré mes droits, savoir, les droits d'une exploitation libre de mes nouveaux procédés de locomotion et de toutes leurs conséquences nécessaires, telles que LA LIBRE FORMATION DE LIGNES OU VOIES NOUVELLES pour l'application de ces procédés; conséquences sans lesquelles mes droits seraient illusoires , et les lois qui prétendraient les fonder, seraient, j'ose le dire, captieuses et , comme telles, extrêmement préjudiciables à ceux qui viendraient ainsi dévoiler gratuitement les secrets de leurs inventions, fruit des longues et laborieuses veilles , souvent de leur vie entière. Encore resterait-il à savoir si une telle abrogation des lois sur les brevets, qui seule pourrait physiquement, en ce qui me concerne, me forcer à me soumettre à une concession législative du monopole en question, pourrait aussi moralement, surtout dans un cas si grave, avoir un EFFET RÉTROACTIF; car, comme l'a déja dit Mirabeau, nulle puissance humaine, ni même surhumaine, ne peut justifier l'effet rétroactif d'aucune loi. — Je suis donc en droit de considérer ma présente Pétition aux deux Chambres législatives de France, du moins en ce qui concerne mes propres droits, comme une PROTESTATION FORMELLE contre toute VALIDITÉ LÉGALE à mon égard de leurs concessions quelconques du monopole en faveur de chemins de fer. Et par conséquent, en me conformant d'ailleurs aux lois existantes, je procéderai à l'exploitation libre de mes nouveaux moyens de locomotion, et à la requête légale, auprès du Gouvernement de Votre Majesté, pour la formation de nouvelles lignes ou voies, sans lesquelles ces moyens de locomotion ne sauraient être réalisés.

Enfin, pour corroborer la présente protestation, je dois ici déclarer expressément que, dans ce refus légal d'abandonner mes droits irrécusables, je me fonde en outre sur le sens propre des projets de lois où votre Gouvernement, Sire, ne demande le monopole en faveur de quelques chemins de fer, que contre d'autres chemins de fer pareils; sens propre et le seul qui, d'après les raisons que j'ai pris la liberté de déduire plus haut, peut subsister

3

sans contradiction avec des lois existantes, et peut conséquemment être revêtu d'une validité légale.

Comme telle, cette grave et nécessaire interprétation légale du sens intime de ma présente Pétition aux deux Chambres législatives, par laquelle je déclare devoir considérer cette Pétition comme une protestation formelle contre la validité légale de toute concession législative du monopole en faveur de chemins de fer, en tant que ce monopole pourrait empêcher le libre exercice de mes droits et de leurs conséquences nécessaires, nommément la formation de nouvelles lignes ou voies pour l'application et l'exploitation de mes machines locomotives, comme telle, dis-je, cette légale interprétation, en la fondant sur le sens présumé des susdits projets de lois, devait être soumise à votre juste et gracieuse approbation, Sire, afin que je puisse procéder immédiatement à organiser en France les moyens industriels pour la réalisation universelle, sur tout ce vaste empire, de l'importante réforme scientifique dans toutes les branches de locomotion, terrestre, fluviale et maritime, et par conséquent dans toutes les branches de communications publiques. — Cependant, quelque fondée que soit ma présente et humble protestation contre la validité légale des monopoles en question, du moins en ce qui concerne mes propres et inviolables droits, je ne demande point, dès aujourd'hui, de la part du Gouvernement de Votre Majesté, une approbation explicite, ni même un aveu formel de la légalité de cette grave protestation. Il me suffit, pour le moment, de la déposer ici, au pied du trône; et j'attendrai avec confiance, jusqu'à l'époque très prochaine où, par suite d'expériences décisives, l'opinion publique se prononcera sur la haute utilité des nouveaux procédés de locomotion que j'apporte à la France.

Néanmoins, si, malgré l'évidence et la nécessité morale que je crois attachées à mes présentes déductions juridiques, et malgré le sens propre et littéral des projets de lois que j'allègue, le Gouvernement de Votre Majesté prétendait que l'esprit de ces projets, et par conséquent l'esprit des concessions législatives des monopoles en question, conformément aux craintes que j'en ai manifestées moi-même dans ma Pétition aux deux Chambres (page 12), « consistait à faire éviter la ruine d'immenses capitaux engagés dans ces gigantesques entreprises, » et par conséquent à prémunir ces entreprises contre toute concurrence, non seulement celle d'autres chemins de fer pareils, mais, de plus, celle de tout autre procédé quelconque de locomotion, établi sur les lignes ou voies nouvelles, je devrais supplier Votre Majesté, non autant dans mon intérêt personnel, que surtout dans l'intérêt des capitalistes français que j'ai déja engagés et que je pourrai encore engager dans cette vaste entreprise, de vouloir bien me faire connaître cette opinion positive et bien formelle de votre Gouvernement, Sire, afin que je puisse renoncer, du moins en ce qui concerne mes droits personnels, à l'exploitation en France de mes nouveaux procédés de locomotion, en cédant ainsi à la force pour abandonner des droits sacrés de propriété que des lois existantes m'ont conférés formellement dans ce pays. — Dans cette fâcheuse supposition, afin d'en prévenir la triste réalité, je dois, par intérêt pour la France, à qui je porte un vif et profond sentiment de gratitude et de dévouement, essayer un dernier mais peut-être décisif moyen de faire prévaloir la vérité et la justice, celui d'éclairer positivement le Gouvernement de Votre Majesté sur la véritable UTILITÉ PUBLIQUE dans l'actuelle et grande question d'une rapide locomotion ou de promptes communications sociales.

Sans doute, la Pétition, que j'ai adressée aux deux Chambres législatives, devait déja, pour remplir le but que je m'y proposais, contenir tous les élémens qu'il était nécessaire de produire pour éclairer ces augustes Chambres sur la grande question que je viens de rappeler et qui en était proprement l'unique objet. Et dans mon opinion, ces élémens de conviction s'y trouvent effectivement. Mais, il n'était pas alors bien urgent de revêtir ces élémens de leur autorité scientifique, qui, à défaut de l'autorité de l'expérience, que l'on ne pourrait obtenir que par une longue et formelle enquête légale, aurait suffi nécessairement pour établir, d'une manière infaillible, toute l'étendue de la vérité que la Pétition était destinée à dévoiler aux deux Chambres législatives de France.

Cette urgence d'appuyer enfin ma Pétition de l'irréfragable autorité de la science, me paraît exister aujourd'hui. Et par conséquent, malgré l'inconvenance qu'il y a peut-être, par suite d'un usage peu éclairé, d'établir la vérité par des moyens scientifiques, je prendrai la liberté d'user ici de ces moyens, puisque ce sont les seuls par lesquels, dans ce moment d'urgence, je puisse faire prévaloir la vérité de la grande question dont il s'agit, et par là même, la justice de ma présente réclamation publique. — Heureusement, vos lumières personnelles, Sire, qui embrassent même les sciences mathématiques, me donnent la décisive faculté de pouvoir, dès aujourd'hui, démontrer rigoureusement à Votre Majesté toute la force de la vérité de mes différentes assertions par lesquelles, dans la Pétition aux deux Chambres législatives, je cherche à faire connaître, d'une part, la barbarie des chemins de fer, pour lesquels on est si fortement et si aveuglément passionné aujourd'hui, et de l'autre, la réforme scientifique de la locomotion, par laquelle, comme je me propose ici de le prouver, mes contemporains parviendront immanquablement à réaliser leur haut idéal d'une rapide locomotion. Votre Majesté daignera donc me permettre de produire ici, dans cette humble Supplique, au moins les résultats ou les formules scientifiques qui établissent irréfragablement la vérité de mes susdites assertions, et qui serviront ainsi à décider irrévocablement, pour tout ce qui concerne la locomotion terrestre, la grande question d'UTILITÉ PUBLIQUE, au nom de laquelle on s'agite aujourd'hui si violemment. D'ailleurs, par le haut intérêt qui se trouve ainsi attaché à toute la locomotion, il importera à la France, à l'Europe, et au monde civilisé tout entier, de trouver ici, dans ces résultats scientifiques, consignés respectueusement dans un document si authentique, les moyens de connaître enfin, d'une manière exacte et bien déterminée, les vraies conditions, mécaniques et industrielles, des chemins de fer et des nouveaux procédés de locomotion qui doivent remplacer ces inertes et dispendieuses voies métalliques.

À cette fin, je formerai d'abord, pour la notation des différentes quantités qui entrent dans la détermination des conditions mécaniques des chemins de fer, le registre suivant :

M = poids total du remorqueur, avec tout ce qu'il porte.

μM = poids total des waggons, avec leurs charges respectives, en supposant ainsi que ce poids total des waggons est μ fois plus grand que le poids total M du remorqueur.

ψ = facteur du frottement des roues contre le sol, lorsque, le char demeurant fixe, les jantes de ses roues glissent sur la voie. Comme tel, ce facteur ψ indique la partie du poids du char qu'il faudrait faire agir pour vaincre un tel frottement; et d'après des expériences exactes et réitérées, il forme une quantité entre les limites $\frac{1}{2}$ et $\frac{1}{4}$.

φ = facteur de la traction, mesurant la résistance au mouvement des chars, et formant à peu près les quantités suivantes :

Sur les chemins de fer, $\varphi = \frac{1}{200}$;

Sur les routes pavées, $\varphi = \frac{1}{55}$;

Sur les routes en terre, $\varphi = \frac{1}{44}$.

α = angle de l'inclinaison de la voie sur le plan horizontal.

u = vitesse totale de la rotation des roues du remorqueur, c'est-à-dire vitesse du mouvement absolu de leurs jantes et par conséquent de leur déplacement total dans la ligne circulaire qu'elles parcourent. Cette vitesse se trouve ainsi mesurée par l'étendue linéaire d'un tel déplacement circulaire des jantes dans une seconde de temps.

v = vitesse partielle et efficace de la rotation des roues du remorqueur, c'est-à-dire vitesse du mouvement relatif de leurs jantes par rapport à l'étendue de la voie qui est parcourue réellement dans une seconde de temps. C'est cette vitesse qui est proprement celle du mouvement réel de translation de la machine locomotive.

r = rayon des roues de cette machine locomotive.

m = rayon de la manivelle à l'aide de laquelle la bielle de la machine à vapeur met en rotation les roues r de la locomotive. Le rapport de ces quantités n'excède guères $\frac{1}{4}$, surtout lorsque le rayon r des roues est grand, comme on se propose de le faire actuellement pour embrasser une plus grande étendue de la voie par chaque coup de piston.

Θ = pression sur le piston entier de la machine à vapeur, en estimant cette pression totale en poids avec l'unité qui sert à mesurer le poids M du remorqueur.

ζ = partie réelle de la force motrice qui se trouve perdue dans ce mode de traction sur les chemins de fer par la simple rotation des roues.

Ce sont là, comme je vais le montrer, les quantités qui constituent les vrais ÉLÉMENS pour toutes les conditions mécaniques de la locomotion dont il s'agit, c'est-à-dire de la locomotion qui est pratiquée sur les chemins de fer, et sur les routes ordinaires, par le mode de traction-propre connu jusqu'à ce jour, nommément par le mode routinier de la simple rotation des roues. Et par conséquent, c'est dans la CONNEXION SYSTÉMATIQUE de ces élémens que doivent se trouver les vraies lois, théoriques et pratiques, de cette locomotion, si fortement recherchée aujourd'hui. — Or, ce sont manifestement ces lois qui seules peuvent faire décider la grave question du degré d'utilité publique de ce mode de locomotion propre; et vous savez, Sire, que ces lois décisives sont demeuré inconnues jusqu'à ce jour. — Ainsi, pour encourager le mode de locomotion sur les chemins de fer, il s'agit de concéder législativement, au milieu des libertés conquises en France, un dangereux monopole, puisqu'il tend à repousser tout progrès scientifique dans la locomotion et même à détruire des droits sacrés de propriété; et tout cela précisément au seul nom de l'utilité publique, que l'on n'a pas encore le moyen d'apprécier! Bien plus, et il faut le dire à Votre Majesté, ces lois en question sont réellement méconnues par les ingénieurs et par tous ceux qui, sans doute avec un zèle louable, se dévouent si fortement aujourd'hui à l'établissement universel et à la construction des chemins de fer. — Je me trouve donc, par l'intérêt et surtout par le devoir, malgré la prétendue inconvenance de me fonder ici sur des résultats scientifiques, dans l'obligation morale de produire enfin, devant Votre Majesté, les vraies lois mathématiques qui seules, je le répète, peuvent éclairer et décider la grave question de l'utilité publique dont il s'agit.

Or, ces lois positives, qui sont demeuré si long-temps inconnues, et qui ont même fini par être méconnues entièrement, se réduisent aux trois relations fondamentales que voici . . . (1) :

$$\frac{v}{u} = \cdot \frac{\psi.\cos\alpha - (\varphi + \sin\alpha)(1 + \varphi\mu)}{\psi.\cos\alpha + \mu(\varphi + \sin\alpha)} \quad;$$

$$\frac{\Theta}{M} = \frac{r}{m}.(\varphi + \sin\alpha).\left\{ \mu + (1 + \varphi\mu).\frac{\psi.\cos\alpha + \mu(\varphi + \sin\alpha)}{\psi.\cos\alpha - (\varphi + \sin\alpha)(1 + \varphi\mu)} \right\} \quad;$$

$$\zeta = \frac{(\varphi + \sin\alpha).\left\{ 1 + \mu(1 + \varphi) \right\}}{\psi.\cos\alpha + \mu(\varphi + \sin\alpha)} \quad.$$

La première de ces relations fondamentales nous apprend que, quelque grande que puisse être la vitesse u de la rotation qu'on donnerait aux roues du remorqueur, la vitesse réelle v de translation de cette machine locomotive diminue de plus en plus, à mesure que l'inclinaison α de la voie sur le plan horizontal vient à augmenter; au point que, lorsque le numérateur du deuxième membre de cette relation devient ainsi zéro par l'augmentation de l'angle α, la vitesse réelle v de translation cesse entièrement, et aucun mouvement progressif n'est plus possible. — Ainsi, à cette extrême inclinaison de la voie sur le plan horizontal, qui a lieu pour un angle α de 18 degrés environ, c'est-à-dire à peu près pour trois mètres d'ascension sur dix de progression, une limite absolue pour l'application utile de ce mode de locomotion est fixée à perpétuité, en dépit de tout perfectionnement possible dans les machines à vapeur et de tout autre perfectionnement quelconque. Bien plus, le susdit numérateur, dans la première relation fondamentale que j'examine, nous apprend que, même pour des pentes très petites, lorsque l'angle α n'est que d'un ou de deux degrés, l'ascension de ces petites pentes n'est pas, sur les chemins de fer, plus facile que sur les routes ordinaires, parce que la quantité *sin α* commence alors à dominer sensiblement le facteur de traction φ. Les chemins de fer n'ont donc, dans ce mode connu de locomotion par la vapeur, quelque avantage sur les routes ordinaires, que lorsque leurs voies sont très peu différentes du plan horizontal. Et c'est précisément, Sire, cette nécessité de ne pas s'écarter du plan horizontal, dans la construction des chemins de fer, qui, comme je l'ai dit dans la Pétition aux deux Chambres législatives, exige ces travaux immenses par lesquels nous nous trouvons, dans l'époque actuelle de civilisation, ramenés à la barbarie des plates et massives voies des Romains. — Je ne m'attacherai pas ici à déduire, de la première des trois relations fondamentales (1), toutes les autres conditions de ce mode imparfait de locomotion; conditions que les savans et les ingénieurs pourront en déduire facilement. Je me bornerai à faire remarquer que, pour les chemins de fer, dont la voie ne diffère guère du plan horizontal, la première relation fondamentale (1) se réduit sensiblement à l'expression . . . (2)

$$\frac{v}{u} = \cdot \frac{\psi - \varphi}{\psi + \mu\varphi} \quad.$$

Et alors, en considérant que le poids μM des waggons n'est jamais trop considérable comparativement au poids M du remorqueur, afin que, par la raison que je dirai à l'instant, le piston ne soit pas arrêté, on reconnaît que, puisque les quantités φ et $\mu\varphi$ sont ainsi très petites comparativement au facteur de frottement ψ, l'expression présente (2) ne diffère pas beaucoup de l'unité; de sorte qu'il y a alors quelque difficulté à distinguer, dans un court trajet, la vitesse totale u et la vitesse efficace v de la rotation des roues du remorqueur. C'est là ce qui a induit quelques ingénieurs dans l'erreur, un peu étrange, de croire qu'il n'y a point de glissement dans la rotation des roues du remorqueur.

La seconde des trois relations fondamentales (1), qui détermine le rapport entre la pression Θ sur le piston entier et le poids total M du remorqueur, nous apprend d'abord que, lorsque le poids total μM des waggons vient à augmenter, comparativement au poids total M du remorqueur, au-delà de la quantité qui, par cette deuxième relation fondamentale, est fixée pour leur rapport μ, et nommément avec la pression Θ que l'on peut donner au piston, cette pression Θ devient insuffisante et le piston s'arrête nécessairement; de sorte qu'alors tout mouvement progressif et même toute rotation des roues du remorqueur sont tout-à-coup arrêtés. C'est ce que l'expérience a déja appris aux ingénieurs. Mais, ne connaissant pas la cause de ce fait singulier, cause qui leur est ici dévoilée comme consistant uniquement dans l'insuffisance de la SEULE PRESSION Θ exercée sur le piston, ils ont voulu, à tort, en induire que la FORCE MOTRICE TOTALE (pression et vitesse) du piston, ne pouvant vaincre la résistance au mouvement qu'oppose alors la surcharge des waggons, ne pouvait non plus produire une rotation sur place des roues du remorqueur, parce qu'un genre d'engrenage à dents indéfiniment petites, qui prétenduement s'établit entre les rails et les jantes de ces roues, ne pouvait, dans ce cas, non plus que ne le pourrait un véritable engrenage des jantes dentées avec des rails en crémaillères, être surmonté par cette force motrice du piston; erreur manifeste, par la simple raison que la force de ce prétendu engrenage à dents infiniment petites, c'est-à-dire tout bonnement la force du frottement des roues contre le sol, lors du glissement de leurs jantes, est ici mesurée par notre présent facteur de frottement ψ, qui est toujours une quantité finie, et même, comme il est fixé dans le susdit registre, une très petite quantité, tandis que la force d'un véritable engrenage, tel que celui que nous venons de nommer, comme propre à résister à une force quelconque, serait mesurée par une quantité indéfiniment grande. On conçoit que cette erreur des ingénieurs, qui, comme on le voit ici, devient actuellement manifeste par la seconde de nos trois relations fondamentales (1), devait les confirmer dans leur susdite opinion erronée de ce que les roues du remorqueur ne font que rouler et ne glissent point sur les rails. — Ensuite, cette deuxième des trois relations fondamentales (1) nous apprend en outre que, lors même que la voie ne s'écarte que très peu du plan horizontal, la pression Θ qu'il faut exercer sur le piston, est déja très considérable; ce qui exige, dans ce mode de locomotion, l'alternative, ou de très volumineuses machines à vapeur, ou de très hautes pressions sur leur piston. En effet, lorsque l'inclinaison α est zéro, la seconde de nos trois relations fondamentales (1) se réduit à l'expression très simple . . . (3)

$$\frac{\Theta}{M} = \frac{r}{m} \cdot \frac{\varphi\,\psi.[1 + \mu(1 + \varphi)]}{\psi - \varphi(1 + \mu\varphi)} \;;$$

où l'on voit que, dans le cas où le rapport μ entre le poids des waggons et celui du remorqueur est considérable, la pression Θ qu'il faut exercer sur le piston, est déja très grande. — Bien plus, aussitôt que l'inclinaison α de la voie sur le plan horizontal devient sensible, sur des pentes qui, de plus en plus, se rapprochent de leur susdite limite absolue, la deuxième relation fondamentale que j'examine, nous montre que la pression Θ, requise sur le piston, croît alors avec une extrême rapidité et devient ainsi infinie à cette limite des pentes auxquelles, d'après la première des trois relations fondamentales (1), on pourrait appliquer ce procédé de locomotion par la simple rotation des roues. Or, une telle pression Θ sur le piston, croissant, avec rapidité, jusqu'à l'infini, ne saurait être réalisée dans la pratique; et cette impossibilité pratique rend ainsi inutile la susdite possibilité théorique, telle qu'elle résulte de la première des trois relations fondamentales (1) pour l'ascension des pentes comprises dans la limite que Votre Majesté leur a reconnue plus haut. — Ce nouveau et insurmontable inconvénient du mode de locomotion dont il s'agit, nous ramène donc encore à la nécessité de ne pas s'écarter du plan horizontal dans les voies où l'on veut appliquer utilement ce mode de locomotion par la simple rotation des roues; nécessité qui, comme vous le savez déja, Sire, entraîne avec elle tout un cortége de barbarie.

Enfin, la dernière des trois relations fondamentales (1), qui détermine la partie ζ de la force motrice perdue dans ce mode de locomotion, nous apprend, en la comparant avec la première de ces relations, que cette partie ζ de la perte augmente aussi très rapidement, à côté de l'augmentation progressive de l'inclinaison α des pentes, jusqu'à la susdite limite théorique de ces pentes, limite où cette quantité ζ devient égale à l'unité et montre ainsi que la totalité de la force motrice serait perdue alors. Et en effet, comme Votre Majesté vient de le voir, à cette limite absolue des pentes, tout mouvement progressif, réel et utile, cesse entièrement; et par conséquent, toute la force motrice, quelque infinie que fût alors la pression Θ sur le piston, serait perdue entièrement. — Or, cette perte progressive et si considérable de la force motrice, lorsqu'on veut monter les moindres pentes, nous découvre encore tout ce qu'il y a d'imperfection dans ce mode de mouvement par la simple rotation des roues, et nous ramène de nouveau à la susdite nécessité barbare de ne pas s'écarter du plan horizontal dans la construction de telles voies de locomotion. Même dans ce plan horizontal, pour lequel la dernière de nos trois relations fondamentales (1) se réduit sensiblement à l'expression très simple. . . . (4)

$$\zeta = \frac{\varphi(1 + \mu)}{\psi + \mu\varphi},$$

la partie ζ de la perte de la force motrice est assez grande lorsque le rapport μ entre le poids total des waggons et le poids total du remorqueur est considérable.

En résumant ici ces GRAVES IMPERFECTIONS MÉCANIQUES, qui sont inhérentes à la locomotion pratiquée actuellement sur les chemins de fer, et parfois sur les routes ordinaires, en tant que cette locomotion y est opérée par le procédé routinier de la simple rotation des roues, et en considérant que ces grandes imperfections, si fortement opposées à l'idée même de tout ce qui approche de la perfection dans ce monde, sont à jamais inséparables de ce mode de locomotion, je pense qu'en me fondant sur la présente déduction scientifique et irrécusable de si destructives imperfections, je puis, devant Votre Majesté, établir, d'une manière irréfragable, l'absence de L'UTILITÉ PUBLIQUE que l'on prétend attachée à la locomotion sur les chemins de fer, et au nom de laquelle les deux Chambres législatives de France sont appelées à constituer un oppressif monopole dans ce pays libre et éclairé. En effet, les graves imperfections mécaniques que, par une rigoureuse appréciation scientifique, vous venez ainsi de reconnaître, Sire, dans la locomotion actuelle sur les chemins de fer, se résument manifestement, d'une part, pour ce qui concerne les moyens, en ce que, par suite de l'absolue et irrémédiable nécessité de ne pas s'écarter du plan horizontal, il faut d'immenses travaux, de labeur et d'art, et par conséquent de très grands capitaux, pour obtenir et pour conserver les effets locomotifs de ces barbares voies métalliques, et de l'autre part, pour ce qui concerne le but, en ce que, par suite des conditions à jamais impossibles à remplir pour avoir une force motrice suffisante, ces effets locomotifs des chemins de fer sont extrêmement limités et ne remplissent point l'attente actuelle de rapides et universelles communications sociales. Or, dans cet état d'une absolue imperfection, physique et morale, les chemins de fer, en comparant leurs précaires et insuffisans produits, industriels et politiques, avec l'absorption des capitaux immenses qu'ils retirent à l'industrie et au fonds social, ne peuvent aucunement offrir une véritable PRODUCTIVITÉ INDUSTRIELLE; et comme telles, ces barbares voies métalliques, en les considérant même à l'instar des merveilleuses pyramides d'Égypte, ne peuvent, d'aucune manière, constituer pour l'État, une véritable UTILITÉ PUBLIQUE.

Je ne me permettrai pas, Sire, de scruter et encore moins de blâmer les mesures d'économie politique par lesquelles votre Gouvernement a pris l'initiative, auprès de la Chambre des députés, pour la concession législative d'un vaste et démesuré système de chemins de fer, chemins dans lesquels je viens de prouver rigoureusement à Votre Majesté qu'il n'existe aucune utilité publique. — Vos ministres, Sire, savent mieux que moi qu'une branche d'économie sociale qui n'a aucune productivité industrielle, ne mérite pas une protection spéciale et surtout une protection exceptionnelle de la part du Gouvernement. Et certes, ces ministres éclairés savent, peut-être pas aussi bien que je viens de l'établir devant Votre Majesté, mais assez bien, que les chemins de fer n'offrent à la France aucune productivité industrielle. Leur conviction à cet égard est prouvée irrécusablement par le monopole avec lequel ils veulent, sinon garantir le succès, du moins empêcher la ruine de si fausses entreprises industrielles. — Ce n'est pas non plus la gloire nationale que vos ministres, Sire, ont en vue dans ce gigantesque réseau de chemins métalliques, dont ils veulent couvrir la France pour y reproduire ainsi les barbares voies romaines; car, cette reproduction, quelque grandiose qu'elle soit, n'est toujours qu'une servile imitation d'une grossière exubérance industrielle de l'Angleterre. — Enfin, ce n'est pas non plus pour la sûreté publique que le ministère crée ainsi des compagnies indépendantes et en quelque sorte suzeraines; compagnies qui, en envahissant les grandes lignes de communication en France, seront certainement, par leurs innombrables ouvriers et employés, les maîtres de la France, comme quelques journaux s'en réjouissent déja d'avance. — Ce doit donc être nécessairement par quelque majeure RAISON D'ÉTAT qu'une si forte anomalie politique se trouve introduite dans le sage Gouvernement de Votre Majesté. Et alors, quelque facile qu'il soit peut-être de déduire cette raison d'Etat et d'en signaler le danger croissant, je ne me permettrai pas non plus d'arrêter ici mon attention. Je respecte ces inconcevables mesures d'économie politique; et mon respect est proportionné au degré précisément de ce qu'il y a ici d'inconcevable, malgré la preuve que je viens de donner de ce que, par suite de ces mesures, la France ne sera que sillonnée d'improductives voies publiques. Mais, rien ne m'oblige à respecter le violent et sans doute momentané engouement universel pour les chemins de fer en France, cette espèce de vertige que quelques écrivains ignorans ont excité dans la tête de leurs nobles compatriotes, toujours prêts à s'enthousiasmer pour le bien public. Au contraire, puisque Dieu m'a fait découvrir la vérité, il est de mon devoir, Sire, de dessiller les yeux de ceux qui sont égarés. Je le dois, non seulement pour assurer mes propres droits, qui se trouvent ainsi compromis, mais surtout pour prévenir, autant que cela peut dépendre de moi, d'immenses catastrophes industrielles; car, dans l'état d'évidence auquel je puis dire que j'amène ici cette question, il ne peut plus y avoir le moindre doute sur ce que, par suite d'un si vaste et d'un si profond ébranlement du fonds social et de ses propres et productives voies d'application industrielle, en dénaturant ainsi une valeur de plusieurs milliards de francs, il n'arrive, pour la France, au moins la ruine de très grands capitaux, si précieux pour le libre développement actuel de sa naissante industrie.

Mais, lors même que l'actuelle productivité industrielle des chemins de fer serait réelle, en donnant, non seulement l'intérêt des capitaux, mais encore un grand bénéfice, ce qui est notoirement tout le contraire de la vérité, et lors même que les souscriptions pour ces prétendues entreprises seraient également réelles, et non de simples enjeux pour un prochain agiotage, comme elles le sont notoirement en plus grande partie, encore serait-il sûr que, dans très peu de temps, bien avant l'achèvement des chemins de fer concédés qui en sont l'objet, leur ruine serait inévitable, par la simple raison de la grande imperfection dans le mode actuel de locomotion sur les chemins de fer; imperfection qui, indépendamment de ce que je viens de démontrer ici rigoureusement, est reconnue par tout le monde, et qui, comme dans tout ce qui arrive dans les travaux humains, aménera bientôt et immanquablement une perfection suffisante pour faire crouler ces hasardeuses entreprises. En effet, dans le rapport d'une grande commission de la Chambre des députés, M. Arago, dont la France se glorifie à juste titre, allègue, contre l'entreprise simultanée des grandes lignes de chemins de fer, l'argument invincible de l'imperfection actuelle du mode de locomotion sur ces chemins métalliques, en prévoyant, avec ses vastes connaissances historiques sur les progrès des sciences et des arts, une prompte et infaillible amélioration de ce mode de locomotion, si défectueux aujourd'hui. La seule chose qui paraît ici affaiblir l'autorité de ma citation, c'est que ce puissant argument de M. Arago, qui a été d'un si grand poids dans la décision de la Chambre des députés contre l'exécution des grandes lignes de fer par le Gouvernement, n'a eu aucun poids dans la décision de cette auguste Chambre pour l'exécution simultanée des mêmes grandes lignes par les compagnies, en outre de plusieurs lignes secondaires. — Mais, n'y aurait-il pas là, Sire, quelque influence de la susdite raison d'État qu'il ne m'est pas permis de scruter ici ?

Quoi qu'il en soit, les sages et savantes prévisions de M. Arago ne peuvent manquer de se réaliser. — Eh quoi! si au moment où cet illustre savant lisait son rapport à la Chambre des députés, les modèles en grand d'une complète réforme dans la locomotion terrestre s'achevaient déjà, à Paris même, et si, par cette heureuse réforme de toute la locomotion, la science pouvait faire obtenir aujourd'hui, avec des travaux et par conséquent avec des capitaux infiniment moindres, des effets locomotifs de beaucoup supérieurs, et, pour ainsi dire, hors de toute comparaison avec les effets restreints des chemins de fer!

Votre Majesté a pu voir, dans la Pétition ci-jointe, qui est adressée aux deux Chambres législatives, que j'ai exposé suffisamment, dans ce document légal, tout ce qui était nécessaire pour donner une idée générale des nouveaux procédés de locomotion. Malheureusement, mes assertions y sont encore privées de l'autorité de la science, qui, en démontrant leur vérité, aurait pu leur imprimer le caractère d'une certitude absolue, devant lequel la raison humaine ne peut plus s'étourdir. — C'est ce caractère que je me propose de leur attacher actuellement, en réitérant ici, auprès de Votre Majesté, mon humble instance de me permettre également de produire les lois mathématiques qui régissent ce nouvel état de la locomotion terrestre. Vous aurez alors, Sire, les moyens les plus propres pour juger, dès aujourd'hui, et avec une certitude absolue, toute l'importance des résultats dans cette réforme scientifique de la locomotion terrestre, surtout par leur opposition avec les résultats précaires et trop bornés des chemins de fer.

Or, en conservant ici la notation des élémens que j'ai fixés dans le susdit registre, j'y joindrai, pour quelques élémens qui entrent de plus dans les nouveaux procédés dont il s'agit, la notation suivante :

Π = pression, estimée en poids, avec laquelle, sur le plan horizontal, agit la force motrice, dans la direction verticale dans laquelle agit le poids M de la dromade, dont la gravitation forme ici notre point d'appui.

h = vitesse avec laquelle cette force motrice exerce la pression efficace $\Pi . \cos \alpha$, c'est-à-dire la seule pression qu'elle exerce effectivement et qu'elle exerce ainsi dans la direction perpendiculaire au plan du mouvement.

g = intensité de la gravitation à la surface de la terre. — Cette intensité moyenne est notoirement $g = 9,^m 80896$.

Et nous aurons alors, pour les lois mathématiques et rigoureuses des procédés de locomotion qui résultent de la réforme scientifique que j'annonce, les trois relations fondamentales... (5)

$$v = \frac{\Pi \, h . \cos \alpha . \sqrt{3}}{(\varphi + \sin \alpha) . \left| \iota + (1 + \varphi) \mu \right| . M} \quad ;$$

$$\Pi < M, \text{ et } h < g; \text{ ou proprement } \Pi h < M g ;$$

$$\zeta = 0 .$$

La première de ces relations fondamentales, qui forme l'expression générale de la vitesse v du mouvement réel de translation des dromades ou de nos nouvelles machines locomotives, nous apprend que ces machines peuvent gravir toutes les pentes, quelque grande que soit leur inclinaison α sur le plan horizontal, et par conséquent bien au-delà des pentes que les chevaux ou d'autres animaux de trait peuvent gravir. Votre Majesté daignera ainsi remarquer que, dans l'ascension des pentes ou plans inclinés, il n'existe point de limites pour ce nouveau mode de locomotion. On pourra donc, en employant ce mode supérieur pour le mouvement des chars quelconques, s'écarter librement et à volonté du plan horizontal, autant que, suivant les localités, cela sera convenable ou nécessaire. Ainsi, l'assujettissement au plan horizontal, qui est la condition onéreuse et la condition *sine quâ non* de la locomotion sur les chemins de fer, cesse ici entièrement; et avec ce grave assujettissement, cesse en même temps, et tout-à-coup, la nécessité de ces travaux gigantesques et dispendieux qu'exige la construction des lignes plates et massives de ces chemins métalliques. Et si l'on considère en outre que, dans le nouveau mode de locomotion, les jantes des roues ne sont nullement astreintes à se mouvoir sur des rails ou sur toutes autres ornières fixes et déterminées, on comprendra que, dans ce nouveau mode, on n'est pas non plus assujetti à se mouvoir en ligne droite, et par conséquent que l'on pourra s'écarter de cette ligne aussi rapidement et autant que l'on voudra, au point de faire tourner le char sur la place même qu'il occupe. De cette manière, la nouvelle locomotion terrestre se trouve tout-à-coup dégagée des voies étroites et des inertes entraves auxquelles elle a été assujettie par le procédé barbare des chemins de fer fixes. Et Votre Majesté pourra ainsi se faire une idée des avantages immenses qui résulteront pour le pays de la construction prompte et très peu dispendieuse des nouvelles lignes ou voies dans lesquelles cette locomotion libre, si conforme à la liberté de l'homme, pourra être réalisée dans toutes l'étendue du vaste royaume de France. Bien plus, les routes ordinaires de ce beau pays, où les pentes sont déjà réduites plus qu'il n'en est besoin ici, suffiraient complétement pour y établir, dès aujourd'hui, cette heureuse réforme de la locomotion terrestre, si ces routes ordinaires étaient, en faveur du nouveau mode de locomotion, affranchies des réglemens de police qui, sans doute avec raison, garantissent aujourd'hui la sûreté de la lourde et indomptable locomotion actuelle par le moyen d'animaux, mais qui seraient inutiles pour la locomotion facile et sûre par les nouveaux procédés dont il s'agit. — La première des trois relations fondamentales (5) que j'examine, nous apprend

de plus que les dromades ou nouvelles machines locomotives peuvent également remplir
la fonction de remorqueurs, pour servir à traîner des waggons ayant un poids quelconque
μM, c'est-à-dire un poids μ fois plus grand que le poids M de tels remorqueurs; et cela,
sans autre inconvénient que la diminution progressive de la vitesse v du mouvement,
correspondant à l'augmentation progressive et indéfinie de la surcharge des waggons. En
effet, quelle que soit ici la pression Π de la force motrice, l'augmentation progressive du
nombre μ de la surcharge des waggons, d'après la première de nos trois relations fondamentales (5) ne peut que diminuer la vitesse v du mouvement du remorqueur ou de la
dromade, sans que ce mouvement puisse par là être arrêté, comme cela arrive sur les
chemins de fer, d'après ce que Votre Majesté a pu reconnaître plus haut. Toutefois, cette
destination des dromades à remplir la fonction de remorqueurs, destination où l'on pourrait, avec quelque modification, employer les procédés ingénieux d'articulation des chars
de M. Arnoux ou de M. Dietz, exigerait, pour conserver une vitesse considérable au mouvement d'un tel appareil locomotif, des forces motrices plus grandes que n'en demandent
essentiellement ces nouveaux procédés de locomotion, parce que la gravitation des waggons, propre à offrir un point d'appui considérable, demeurerait ainsi sans être utilisée.
— Enfin, la première des trois relations fondamentales (5) montre que la susdite vitesse
totale u de la rotation des roues sur les chemins de fer, qui produit le glissement des
jantes sur les rails, se trouve ici complétement éliminée; et vous reconnaîtrez par là, Sire,
que cet inutile et destructif glissement des roues sur le sol, qui offre le précaire point
d'appui pour la locomotion sur les chemins de fer, n'existe point dans le nouveau mode
de locomotion, où le point d'appui est offert par la gravitation de la masse entière du
char. Aussi, comme je l'ai indiqué dans la Pétition aux deux Chambres, l'absence de ce
glissement des roues constitue-t-il une des propriétés caractéristiques de ce nouveau mode
de locomotion terrestre.

La seconde des présentes relations fondamentales (5) nous apprend que, dans les nouveaux procédés de locomotion dont elles forment les lois, la pression Π exercée par la
force motrice et sa vitesse h, loin d'être forcées de croître rapidement et jusqu'à l'infini,
lorsque l'inclinaison α des pentes ou le poids μM des waggons viennent à s'accroître,
même insensiblement, comme cela arrive dans le mode de locomotion pratiqué sur les
chemins de fer, loin, dis-je, de croître ainsi indéfiniment, cette pression Π et cette vitesse
h de la force motrice sont au contraire retenues ici dans des limites finies et même très
resserrées. Il en résulte le grand et incalculable avantage de ce que, dans le nouveau
mode de locomotion, il n'est point besoin de fortes machines à vapeur, comme cela est
indispensable dans le mode de locomotion sur les chemins de fer, d'après ce que Votre
Majesté a pu reconnaître plus haut, en examinant la seconde des trois relations fondamentales (1), concernant ces chemins métalliques. Cet avantage provient ici manifestement de ce que la masse entière en mouvement est utilisée, dans sa gravitation, pour
servir à former toujours un point d'appui proportionné à cette masse en mouvement. De
cette manière, de très petites machines à vapeur pourront servir, avec une extrême facilité,
à la locomotion de chars quelconques, surtout lorsque, sans être traînés par des remorqueurs, ces chars formeront chacun séparément une dromade ou machine locomotive dis-
tincte. Et heureusement, de nouvelles machines à vapeur, extrêmement simples et vérita-
blement rotatives, c'est-à-dire rotatives par elles-mêmes, sans le concours d'aucun volant,
pour lesquelles, sous le nom de ROUES VIVES, j'ai obtenu de votre Gouvernement, Sire,
un brevet d'invention de quinze ans, viennent très à-propos pour compléter la haute
utilité du nouveau mode de locomotion dont il s'agit ici. Mais, je ne dois pas, dans ce
moment, diriger l'attention de Votre Majesté sur ces nouvelles machines à vapeur, quelque
importantes qu'elles puissent être, pour ne pas la détourner du mode de locomotion que
je soumets à son auguste appréciation, et qui peut toujours être réalisé, plus ou moins
parfaitement, par l'application d'une machine à vapeur quelconque, ou de la force d'un
tout autre moteur, même de la force mécanique des hommes. — Ainsi, pour compléter
le présent examen de la seconde des trois relations fondamentales (5), je dois vous prier,
Sire, de remarquer que, nonobstant que les limites de la pression Π et de la vitesse h de
la force motrice se trouvent grandement restreintes par cette deuxième relation fondamentale, limites qui procurent ainsi le susdit avantage de n'avoir pas besoin de grandes machines à vapeur pour réaliser le nouveau mode de locomotion, l'emploi de ces petites
machines, ou de médiocres forces motrices quelconques, produit néanmoins, par ce nouveau mode, des résultats très grands, et pourrait même produire des résultats hors de
toute proportion avec les besoins actuels de la société et avec la solidité possible des
chars que l'on voudrait y destiner. En effet, dans le cas où la pression Π et la vitesse
h de la force motrice atteindraient seulement le quart de leurs limites respectives M et
g, qui sont fixées par la deuxième de nos présentes relations fondamentales (5), la pro-

mière de ces relations donnerait, dans le cas d'une voie horizontale, et de l'absence des waggons, c'est-à-dire dans le cas où $\alpha = 0$ et $\mu = 0$, la limite idéale d'une vitesse énorme de plus de cent lieues à l'heure, limite qui est certainement bien au-delà de tout ce qui jamais sera praticable par l'homme.

Enfin, la troisième des relations fondamentales (5), qui constituent les lois régissant le nouveau mode de locomotion terrestre, nous apprend qu'il n'existe aucune perte quelconque de la force motrice employée dans ce mode de locomotion. En effet, comme je l'ai déja dit dans un Avis public, le quart de la force motrice se trouve, par ces procédés de locomotion, transformé immédiatement en véritable et directe force de traction, et les trois quarts restans de la force motrice, en imprimant un mouvement de rotation aux roues, servent, dans leur totalité absolue, à vaincre le frottement de l'essieu contre les moyeux des roues; de sorte que la totalité de la force motrice se trouve ainsi employée utilement à la production directe du mouvement de translation des dromades ou de ces nouvelles machines locomotives. — Dans la première analyse des résultats de cette découverte, il semblait que la partie de la force motrice qui imprimait une rotation aux roues, devait agir à l'instar du mode de locomotion sur les chemins de fer, où la rotation des roues est indispensable pour établir un point d'appui par leur frottement contre le sol. Mais, dans les développemens ultérieurs de cette analyse, il apparut que la rotation des roues, qui est également opérée dans le nouveau mode de locomotion par une partie de la force motrice, s'applique uniquement à détruire le frottement de l'essieu contre les moyeux des roues, et n'opère ainsi aucun glissement ou frottement des jantes contre le sol, puisqu'il existe déja un point d'appui plus que suffisant dans la gravitation de la dromade, à côté d'une force de traction immédiate, opérée par une partie de la force motrice, et suffisante pour faire rouler et non glisser les roues sur le sol, lorsque le seul obstacle opposé à ce roulement libre, savoir, le frottement de l'essieu contre les moyeux des roues, se trouve détruit par la partie restante de la force motrice, qui produit la rotation des roues. — Toutefois, ce dernier et décisif résultat que j'annonce ici pour la première fois, n'a pu être obtenu qu'en introduisaut, dans ces nouveaux procédés de locomotion, une disposition telle que l'on ait, entre la vitesse h de la force motrice et la vitesse réelle v du mouvement de la dromade, le rapport . . . (6).

$$\frac{h}{v} = \sqrt{3} \; ;$$

ainsi que je l'ai prouvé dans un brevet additionnel que Votre Majesté a daigné m'accorder par son ordonnance du 11 février de la présente année 1838. Aussi, en observant que, si l'on désigne par Λ la susdite pression efficace qu'exerce la force motrice, et par P la résistance au mouvement qu'oppose la dromade, on a manifestement . . . (7).

$$\Lambda = \Pi.\cos \alpha \, , \quad \text{et} \quad P = (\varphi + \sin \alpha).\left| 1 + (1 + \varphi)\mu \right|.M \; ;$$

on reconnaîtra qu'en substituant les présentes valeurs (6) et (7) dans la première des trois relations fondamentales (5), on obtient, comme liaison systématique de ces trois relations, la loi unique . . . (8)

$$P.v^2 = \Lambda.h^2 \; ;$$

qui apprend manifestement que la FORCE VIVE de la réaction de la dromade est égale à la FORCE VIVE de l'action du moteur. — Ce dernier et décisif résultat, qui donne la preuve de ce qu'il n'y a point de force perdue dans le nouveau mode de locomotion, ainsi que l'indique la dernière des trois relations fondamentales (5), offre à Votre Majesté le complément de garantie pour la haute et absolue perfection qui est atteinte dans ce nouveau mode de locomotion terrestre, obtenu par la réforme scientifique que j'annonce.

Après ces rigoureuses déterminations scientifiques, il serait tout-à-fait superflu d'insister encore sur l'extrême imperfection de la locomotion des chemins de fer, comparativement à la haute perfection des nouveaux procédés de locomotion que je viens de signaler à Votre Majesté. — Je me bornerai à ajouter ici que, lors même que l'on fabriquerait les rails en crémaillères, pour les faire engrener avec des roues dentées du remorqueur, ce qui augmenterait considérablement les frais d'établissement et de conservation des chemins de fer, les prétendus avantages de ce mode de locomotion seraient encore hors de toute comparaison avec les avantages réels du nouveau mode de locomotion dont il s'agit. —

Pour s'en convaincre, il suffit de déterminer convenablement la quantité ψ dans les trois relations fondamentales (1); et ces relations, ainsi déterminées, offriront immédiatement les lois spéciales de la locomotion sur des chemins de fer, dans le cas où leurs rails seraient en crémaillères. Or, la force d'un engrenage absolu, comme celui que nous avons cité plus haut, qui pourrait résister à une force quelconque de la rotation de la roue dentée, serait naturellement mesurée par une quantité indéfiniment grande, ainsi que nous l'avons fait pour la force à laquelle se rapporte la citation. Dans un tel engrenage absolu, le centre de la roue dentée serait forcé de demeurer constamment à la même distance du plan de la crémaillère que cette roue engrène; ce qui suppose une pression indéfiniment grande sur ce centre dans la direction perpendiculaire au plan de la crémaillère. Mais, dans l'engrenage des roues du remorqueur avec les rails en crémaillères, la pression sur le centre de ces roues n'excède pas le poids M du remorqueur; de sorte qu'avec une force ou pression supérieure, opposée à la gravitation du remorqueur, le centre de ses roues peut se trouver soulevé, et l'engrenage n'aura plus aucune force. Ainsi, dans un tel engrenage, où, par la rotation même des roues, leurs jantes et par conséquent leurs centres peuvent être soulevés le long du plan incliné des dents de cet engrenage, la force ne peut être mesurée que par le poids même M du remorqueur. Il suffira donc de donner au facteur de frottement ψ, qui entre dans les trois relations fondamentales (1) des chemins de fer, la valeur $\psi = 1$, et ces trois relations formeront immédiatement les lois spéciales de la locomotion sur les chemins de fer, dans le cas où des roues dentées du remorqueur engrèneraient des rails en crémaillères. — Or, en examinant alors ces lois ainsi déterminées, Votre Majesté reconnaîtra facilement que cette locomotion spéciale, beaucoup plus dispendieuse encore, conserverait en tout les mêmes désavantages, et n'améliorerait pas la locomotion des chemins de fer dans un degré correspondant à la grande augmentation des frais que coûterait ce prétendu perfectionnement.

Ainsi, sous tous les aspects, la locomotion sur les chemins de fer se présente dans une absolue imperfection; et ce qui la rend de plus réellement BARBARE, comme je me suis proposé de le prouver à Votre Majesté et aux deux Chambres législatives, c'est que, d'après les présentes démonstrations scientifiques et irrécusables, cette locomotion, pour laquelle, à ce que disent certains journaux, la France s'enthousiasme si violemment, n'est même SUSCEPTIBLE D'AUCUN PERFECTIONNEMENT RÉEL.

Je crois donc pouvoir opposer, à ce mode barbare de locomotion, qui n'est que le résultat d'une aveugle routine et qui se trouve ainsi privé d'une véritable utilité publique, le nouveau mode de locomotion, qui résulte d'une application positive de la science moderne et qui, dans la réforme qu'il présente, apporte une immense et incontestable utilité publique, comme je viens de le démontrer pour l'un et pour l'autre de ces deux modes de locomotion. — Il ne me reste ici, pour compléter ces démonstrations scientifiques de la nouvelle et haute utilité publique dont il s'agit, qu'à faire connaître à Votre Majesté la loi qui régit les RAILS MOBILES ou les CHEMINS DE FER MOUVANS, lesquels, d'après ce qui a été établi fort en détail dans ma Pétition aux deux Chambres législatives, forment, à côté du nouveau mode de locomotion par la traction-propre, la deuxième partie constituante de la présente réforme scientifique de la locomotion, et nommément cette partie qui, comme les chemins de fer fixes, a pour objet de diminuer la résistance qu'opposent au mouvement des chars les irrégularités et les défectuosités de la superficie des chemins ordinaires.

Or, si l'on désigne ici, d'abord, par ρ le facteur de la traction sur les chemins de fer, c'est-à-dire la susdite quantité $\frac{1}{200}$ qui mesure *à priori* la partie essentielle de la résistance au mouvement des chars, celle qui est causée par le frottement des essieux contre les moyeux des roues; ensuite, par φ le facteur général de la traction des chars sur le sol ou sur une voie ou route quelconque, tel que je l'ai fixé plus haut dans le premier registre; enfin, par Φ le facteur de la traction qui a lieu sur le même sol ou sur les mêmes voies ou routes, en appliquant au mouvement des chars les rails mobiles ou chemins de fer mouvans dont il s'agit; on aura, pour un tel mouvement à l'aide de ces rails mobiles ou chemins de fer mouvans, la loi générale. . . (9)

$$\Phi = \rho \cdot \left\{ 1 + 4 (\varphi - \rho) \right\} + \frac{N}{M} \cdot \left\{ (\varphi - \rho)(1 - 4\rho) - \rho \right\} ;$$

en désignant de plus par N le poids des jantes dans les roues qui forment ces rails mobiles, et par M le poids entier du char, en y comprenant le poids N de ses jantes. — Ainsi, en donnant à φ sa valeur moyenne sur les routes ordinaires, savoir, $\varphi = \frac{1}{50}$, la loi (9) donnera, pour le facteur de traction Φ sur ces routes, la valeur . . . (10)

$$ \Phi \;=\; \frac{1}{189} \;+\; \frac{1}{103} \cdot \frac{N}{M} \;; $$

où Votre Majesté peut voir que, lorsque le rapport entre le poids N des jantes et le poids M du char entier est $\frac{1}{30}$, comme je puis l'obtenir par un dernier perfectionnement de ces rails mobiles, le facteur de traction Φ sur de telles routes ordinaires devient $\Phi = \frac{1}{178}$, c'est-à-dire très peu différent de celui qui a lieu sur les véritables chemins de fer fixes, conformément à ce que j'ai annoncé dans la Pétition aux deux Chambres. Et par ce résultat irréfragable, qui est fondé sur une profonde et rigoureuse théorie mathématique dans le brevet que votre Gouvernement, Sire, m'a accordé pour ces rails mobiles ou chemins de fer mouvans, Votre Majesté pourra reconnaître que, même en ce qui concerne la diminution de la résistance au mouvement des chars, qui est opérée incontestablement par les chemins de fer fixes, et qui est l'unique avantage que ces chemins métalliques peuvent offrir réellement, leur utilité cesse d'être nécessaire, puisque les présens RAILS MOBILES OU CHEMINS DE FER MOUVANS, qui complètent la réforme scientifique de la locomotion terrestre, offrent le même avantage dans un simple appareil rotatif, et sans qu'il soit nécessaire, pour arriver à ce but, de reproduire à grands frais, au milieu des lumières scientifiques de notre époque, les inertes et massives voies romaines.

Votre Majesté peut maintenant prononcer, avec une parfaite connaissance des choses, d'une part, sur la prétendue et dangereuse utilité publique des chemins de fer, et de l'autre, sur la réelle et salutaire utilité publique des procédés résultant de la réforme scientifique que j'annonce à la France. — Or, c'est au nom de l'UTILITÉ PUBLIQUE qu'en vertu de la loi du 7 juillet 1833, doivent avoir lieu les concessions législatives de chemins de fer, et même du monopole en faveur de quelques uns de ces chemins métalliques !

J'ai déja dit plus haut que je ne me permettrai pas de scruter les motifs politiques de ces concessions si fortement opposées à la vérité. Mais, il doit m'être permis de scruter leurs conséquences juridiques, du moins en tant qu'elles peuvent concerner les droits que j'ai acquis formellement en vertu de lois existantes.

Or, en me restreignant ici à scruter les conséquences juridiques du monopole en question, qui peut seul léser mes droits, je me permettrai de faire remarquer que, dans toute hypothèse, le sens de la concession législative de ce monopole en faveur de quelques chemins de fer, ne peut recevoir que l'une des trois interprétations que voici :

1°. Ce monopole n'est concédé expressément que contre d'autres chemins de fer fixes, en laissant ainsi une concurrence libre et absolue pour tout autre procédé de locomotion, sur des routes ordinaires, et même sur de nouvelles lignes ou voies spéciales, s'il y a lieu d'accorder ces lignes ou voies après une enquête administrative, en vertu de l'article 3 de la loi du 7 juillet 1833.

2°. Ce monopole en faveur de chemins de fer exclut généralement la formation de lignes ou voies nouvelles, autres que les routes ordinaires, quel que soit le procédé de locomotion qu'on voudrait exploiter sur ces lignes ; et il ne laisse ainsi la concurrence pour d'autres procédés de locomotion que sur les routes ordinaires.

3°. Ce monopole exclut absolument toute concurrence pour d'autres procédés quelconques de locomotion, non seulement sur de nouvelles lignes ou voies spéciales, mais même sur les routes ordinaires.

Dans le cas où la première de ces interprétations, que je considère comme ne pouvant en rien léser mes droits, serait conforme à l'intention de votre Gouvernement, Sire, je prendrais la liberté de présenter incessamment, à ce Gouvernement juste et éclairé, une requête pour obtenir, après une enquête administrative, la concession nécessaire pour la formation de lignes ou voies propres à la réalisation pratique en France des nouveaux procédés de locomotion, pour l'exploitation desquels j'ai obtenu des brevets d'invention, conformément aux lois.

Dans le cas où la seconde de ces interprétations serait celle de votre Gouvernement, Sire, une grave atteinte se trouverait portée à mes droits dans leurs conséquences nécessaires, en ce que je serais empêché de former en France des lignes ou voies propres à l'exploitation de mes nouveaux procédés locomotifs; exploitation à laquelle mes brevets me donnent des droits incontestables, et naturellement avec toutes ses conséquences nécessaires, telles que des voies libres et propres à une si rapide locomotion, sans lesquelles cette exploitation ne saurait recevoir son entier effet juridique. — Néanmoins, pour ne pas tout perdre, je céderais à la force sur ce point, en renonçant à la formation de lignes convenables pour ce nouveau mode de locomotion; et je me bornerais, avec un vif regret du bien public que je serais ainsi empêché de réaliser, à présenter au Gouvernement de Votre Majesté une requête pour obtenir, après une enquête administrative, la faculté de former des lignes sur les deux côtés du pavé des routes ordinaires, ou du moins la faculté d'user librement de ces routes ordinaires, autant qu'il est nécessaire pour pouvoir y déployer la grande vitesse du mouvement, qui est l'objet essentiel des procédés de locomotion pour lesquels les lois m'ont accordé le droit dans les brevets d'invention.

Enfin, dans le cas où la dernière de ces trois interprétations serait celle de vos ministres, Sire, je serais en droit de considérer les concessions législatives d'un tel monopole comme frappées du caractère d'invalidité légale, parce que, comme je l'ai déja dit plus haut, ces concessions seraient en contradiction manifeste avec des lois existantes, et nommément avec les lois sur les brevets d'invention, lesquelles m'ont accordé les susdits droits qui se trouveraient détruits par un monopole de cette nature. Lors même qu'on abrogerait les lois sur les brevets, les nouvelles lois, concédant ce monopole absolu, ne sauraient avoir un effet rétroactif sur mes droits acquis en vertu de lois antérieures; et par conséquent, de telles concessions de monopole, quelque élevée qu'en soit l'origine, ne saurait, aux yeux de la raison, de ce juge suprême des actions humaines, échapper à la qualité juridique d'une invalidité légale. — Aussi, dans ce cas, force serait pour moi de renoncer entièrement à mes droits en France, et de considérer les lois sur les brevets d'invention, qui m'ont conféré ces droits, comme n'ayant servi qu'à m'arracher mes secrets, dont j'aurais pu faire un usage profitable dans tout autre pays civilisé. Ce qui, dans une telle spoliation législative, serait le plus pénible pour moi, ce serait l'impossibilité à laquelle je me trouverais ainsi réduit, d'offrir à la France tout le bien que je suis convaincu de lui apporter dans l'heureuse réforme de la locomotion dont il s'agit, et dont il m'a été impossible, jusqu'à présent, de faire connaître les derniers et décisifs perfectionnemens.

Or, les susdites trois interprétations sont, sinon pour moi, du moins pour les concessionnaires du monopole en question, également possibles; et je me trouve ainsi, à leur égard, et par conséquent à l'égard des capitalistes qui voudraient prendre part à la vaste entreprise que je me propose de former en France pour l'exploitation générale des nouveaux procédés de locomotion, dans une perplexité absolue qui paralyse mes droits, en me réduisant à une inactivité équivalente à celle où je me trouverais si je n'avais point de droits. J'ose donc conjurer Votre Majesté, et c'est là proprement l'unique objet de ma présente Supplique, de vouloir bien, par égard à la nécessité de déterminer le sens des lois qui doivent concéder le monopole en faveur de quelques chemins de fer, me mettre à même de savoir quel est le sens propre que votre Gouvernement, Sire, attache à ces lois, suivant l'une des trois interprétations que je viens de signaler, et qui toutes, du moins dans l'ordre logique, sinon dans l'ordre juridique, sont également possibles. — Par les motifs que je viens d'alléguer, cette Supplique et la demande qui en résulte auprès de votre ministère, Sire, me paraissent les seules légales; car c'est de ce ministère éclairé que sont émanés les projets de lois concernant le monopole en question, projets qui ont été adoptés purement et simplement par la Chambre des députés, en y laissant ainsi subsister, du moins comme possible, la grave indétermination du sens de ces lois. C'est donc uniquement à votre Gouvernement, Sire, que je puis m'adresser dans ce moment, avant que la Chambre des pairs ait prononcé à son tour, et même après que cette auguste Chambre aurait également accédé à une adoption pure et simple desdites lois, pour obtenir l'explication nécessaire du sens ou du moins de l'intention de votre ministère dans les projets de lois dont il s'agit. Et c'est précisément à cette fin que je prends la liberté de donner communication de la présente Supplique au président du Conseil de vos ministres, Sire, en le priant de vouloir bien, s'il y a lieu, soumettre l'objet de cette Supplique aux délibérations de ce haut et puissant Conseil.

Je suis pleinement convaincu, après tout ce que je viens d'établir scientifiquement dans la présente Supplique, que, s'il ne s'agissait que de la gravité de la question elle-même, et nommément de l'utilité publique qui fait l'objet de cette question, votre ministère, Sire, n'hésiterait pas à me faire connaître sa véritable intention dans les projets de lois concernant le monopole de quelques chemins de fer, en m'indiquant celle des susdites trois interprétations du sens de ces projets de lois, qui, d'après son intention, servirait à déterminer ce sens laissé trop vague jusqu'à ce jour. Mais si, comme j'ai reconnu plus haut que cela est probable, quelque majeure raison d'État influait dans les présentes concessions législatives des chemins de fer, et surtout de leur monopole, je suis également convaincu que votre ministère, Sire, ne pourrait pas condescendre à me donner les explications que je me vois forcé de lui demander. Dans cette alternative, pour laisser à

mes droits leur pleine action judiciaire, afin de ne pas compromettre les intérêts des capitalistes français qui sont déja engagés dans cette entreprise, et de ceux qui pourront
l'être également, je dois prendre les suivantes résolutions juridiques, que je déclare ici
humblement au pied du trône de Votre Majesté.

Dans le cas où votre Gouvernement, Sire, daignerait condescendre à me donner les
explications nécessaires, en me laissant connaître celle des susdites trois interprétations
qui est dans son intention, je suivrai naturellement celles des conséquences qui, d'après
mes susdites déclarations relatives à ces trois interprétations, correspondraient à cette intention formelle du ministère. Dans le cas contraire, où votre Gouvernement, Sire, ne
daignerait pas condescendre à me donner les explications nécessaires, je me reconnaîtrais
le droit, du moins par rapport aux intérêts des tiers, de choisir moi-même, parmi les
trois interprétations possibles du sens de ces lois, celle que je suis fondé à considérer
comme légale.

Or, en résumant ici les différentes considérations que j'ai pu faire valoir dans cette
Supplique, je pense qu'en ce qui concerne la légalité des trois interprétations dont il s'a-
git, leurs caractères respectifs sont :

1°. La première de ces interprétations, en y faisant abstraction de toute question politique, qu'il ne m'appartient pas de scruter, présente, dans sa relation avec mes droits, le
caractère d'une parfaite légalité.

2° La deuxième de ces interprétations, envisagée de même dans sa relation avec mes
droits, présente, dans une partie accessoire, un caractère de légalité, et dans sa partie
essentielle, celui d'une absence de légalité.

3°. La troisième de ces interprétations des projets de lois dont il est question, en la
considérant toujours dans sa relation avec mes droits, présente le caractère d'une absolue
illégalité.

Ainsi, dans le cas où, par le silence de votre Gouvernement, Sire, je serais réduit à
la nécessité juridique de choisir moi-même celle de ces trois interprétations que je crois
légale, je serais fondé à prendre les résolutions suivantes. — D'abord, je repousserais entièrement la troisième interprétation, parce que ce serait, de ma part, manquer de respect
au Gouvernement de Votre Majesté en supposant un instant à votre ministère, Sire, une
intention si fortement illégale, dont le sens logique est une véritable absurdité juridique,
et dont la réalisation coërcitive serait une flagrante immoralité. Ensuite, pour ce qui concerne les deux premières interprétations, qui seules sont possibles à mes yeux, je ne pourrais non plus admettre la seconde, sans manquer d'égards à votre ministère, Sire, si je ne
pouvais concevoir la possibilité d'une raison d'État assez majeure pour couvrir de l'égide
de la sûreté publique ce qui, dans cette deuxième interprétation, se trouve être illégal
par rapport à mes intérêts privés. — Et c'est précisément par cette haute considération,
Sire, en prévoyant la possibilité d'une telle RAISON D'ÉTAT, que je prends la liberté, au
commencement de la présente Supplique, d'établir, auprès du Gouvernement de Votre Majesté, le sens intime de ma Pétition aux deux Chambres législatives, comme étant, dans
le cas de la deuxième interprétation des projets de lois dont il s'agit ici, une formelle
PROTESTATION CONTRE LA VALIDITÉ LÉGALE de toute concession législative du monopole en
faveur des chemins de fer, en tant que ce monopole pourrait empêcher le libre exercice
de mes droits et de leurs conséquences nécessaires, nommément la formation de nouvelles
lignes ou voies pour l'application et l'exploitation de mes machines locomotives. Comme
telle, cette protestation formelle, qui n'empêchera en rien mon entière soumission aux
deux premières interprétations en question, conformément à la marche précise que j'ai
tracée plus haut et que je suivrai dans les conséquences respectives de ces deux interprétations problématiques, comme telle, dis-je, cette présente protestation aura son effet juridique
de me faire récupérer mes droits lorsqu'un jour la raison d'État, qui me les ferait perdre
aujourd'hui, viendrait à cesser. D'ailleurs, comme je l'ai dit aussi au commencement de la
présente Supplique, c'est sur le sens littéral et propre des projets de lois en question que
je fonde principalement ma susdite protestation contre des interprétations futures et éven-
tuelles de ce sens manifeste et précis. En effet, ces projets de lois n'excluent expressément que d'autres lignes de chemins de fer, et non généralement toutes autres lignes
nouvelles de locomotion, par des procédés différens de ceux des chemins de fer. Aussi,
en me fondant également ici sur ce sens littéral et propre des projets de lois, et par
conséquent sur le sens des lois elles-mêmes qui résulteraient de l'acceptation pure et simple de ces projets par les deux Chambres législatives, je suis en plein droit, dans le susdit
choix auquel le silence de votre Gouvernement, Sire, me réduirait nécessairement, à ne
considérer comme légale que la première des trois susdites interprétations problématiques
de ces projets de lois en question.

Dans cette nécessaire résolution juridique, où j'ai incontestablement, d'après les conditions de la loi du 7 juillet 1833, le droit de former, avec la faculté d'expropriation pour utilité publique, de nouvelles lignes ou voies pour l'application et l'exploitation de mes nouveaux procédés de locomotion, garantis et autorisés par mes brevets d'invention, je procéderai immédiatement à l'étude de ces lignes nouvelles, afin de pouvoir incessamment présenter à votre Gouvernement, Sire, une humble requête demandant, en vertu de l'article 3 de la loi que je viens de citer, une enquête administrative pour constater l'utilité publique au nom de laquelle je me propose ainsi, sur ces nouvelles lignes ou voies, d'introduire en France la réforme scientifique de la locomotion terrestre, que je viens de signaler ici à Votre Majesté. — Et pour donner à mes droits leur pleine action judiciaire, dans leur relation avec les droits des autres, je procéderai sur-le-champ, par voie d'huissier public, à une légale mise en demeure, non seulement des deux compagnies de chemins de fer, auxquelles le susdit monopole doit être accordé exceptionnellement, mais de toutes les autres compagnies publiques de chemins de fer, afin de les prévenir ainsi, en vertu des droits qui me sont conférés par mes brevets d'invention, obtenus conformément aux lois, de l'application et de l'exploitation de mes nouveaux procédés locomotifs sur la direction de toutes les lignes ou voies en France, suivant le sens de la présente Pétition aux deux Chambres législatives et surtout celui de la présente Supplique à Votre Majesté.

Oserai-je, Sire, en terminant cette humble Supplique, reporter vos augustes regards sur la base inébranlable sur laquelle s'y trouve établi son objet principal, l'UTILITÉ PUBLIQUE, au nom de laquelle, en me fondant d'ailleurs sur des lois existantes, je déclare ici, au pied du trône de Votre Majesté, devoir revendiquer mes droits? — Cette base inébranlable, Sire, ce sont des VÉRITÉS MATHÉMATIQUES, dont l'évidence porte le caractère de la certitude absolue, devant laquelle la raison humaine est forcée de s'incliner, autant que devant la nécessité impérative des lois morales.

Sans doute, et c'est ce qui aurait réellement été inconvenable ici, la théorie elle-même, par laquelle ces vérités mathématiques ont été déduites, n'est pas exposée dans la présente Supplique. Mais, une garantie suffisante de cette théorie existe déjà. — En effet, la présente formule (10), qui est la loi des rails mobiles ou chemins de fer mouvans, et qui établit ainsi la première des deux parties constituantes de la réforme scientifique de la locomotion, est démontrée rigoureusement, sous la marque (51), dans le susdit brevet d'invention que Votre Majesté a daigné m'accorder pour ces rails mobiles ou chemins de fer mouvans. Et les présentes formules (5), qui sont les lois du nouveau mode de traction-propre, ayant son point d'appui dans la gravitation des chars, et qui établissent ainsi la seconde des deux parties constituantes de la réforme scientifique de la locomotion, résultent immédiatement, par une simple addition, des deux lois fondamentales de cette traction-propre, que j'ai fait connaître, sous la marque (227), dans le susdit brevet d'invention que Votre Majesté a également daigné m'accorder pour ce nouveau mode de traction-propre. — Quant aux présentes formules (1), qui sont les lois de la locomotion sur les chemins de fer, mes travaux scientifiques offrent peut-être, pour leur exacte déduction théorique, une garantie suffisante, et telle, qu'aucun géomètre, ce me semble, ne puisse en douter. — D'ailleurs, s'il en était besoin, quelques feuilles de papier me suffiraient pour donner la déduction théorique rigoureuse de toutes les lois mécaniques que je dévoile ici à Votre Majesté.

Mais, dira-t-on peut-être, quelque incontestable que puisse être, en théorie, la vérité de ces nouvelles lois mécaniques de la locomotion spontanée, il faut attendre l'expérience pour les constater. — Vous savez, Sire, que cette objection, à l'apparente nécessité de laquelle je me soumets d'ailleurs très volontiers, ne pourrait venir que de la part des hommes qui n'ont pas une connaissance approfondie des sciences, surtout des sciences mathématiques. En effet, les résultats de ces dernières sciences, lorsqu'ils sont obtenus entièrement à priori, non seulement n'ont pas besoin d'être confirmés par l'expérience, mais, ce qui est plus, l'expérience ne peut même pas reconnaître toute l'étendue de leur vérité. Ainsi, par exemple, le côté d'un carré étant pris pour unité, sa diagonale, d'après des déductions mathématiques à priori, a une longueur exactement égale à la racine carrée du nombre deux; et certes, aucune expérience, non seulement isolée, mais même continuée depuis que la terre existe, ne pourrait faire reconnaître exactement cette vérité positive. — Sans doute, dans l'APPLICATION des mathématiques aux sciences physiques, on peut, avec une rigoureuse déduction, arriver à des résultats erronés. Mais, la faute n'en est pas alors aux mathématiques, qui, par cela même qu'elles sont à priori, ne peuvent jamais faillir. La faute en est uniquement aux sciences physiques, qui, précisément parcequ'elles procèdent à posteriori, en ne se fondant que sur l'expérience, peuvent offrir des données inexactes ou erronées, sur lesquelles les mathématiques s'exercent alors dans cette voie inexacte ou erronée des sciences physiques. — Or, pour ce qui concerne la mécanique elle-même, qui est la branche des mathématiques de laquelle dérivent nos présens résultats relatifs à la locomotion, Votre Majesté sait que cette branche procède entièrement *à priori*, sans puiser rien dans l'expérience, tout comme la géométrie et l'algorithmie, et que c'est pour cela précisément que ces trois branches, l'algorithmie, la géométrie, et la mécanique, constituent les MATHÉMATIQUES PURES. — Ainsi, les lois que je viens de dévoiler pour les différens modes de locomotion, étant purement mécaniques, sont établies entièrement *à priori*, sans aucune influence de données physiques ou expérimentales, et comme telles, toutes ces lois mécaniques de la locomotion sont vraies en elles-mêmes, sans qu'il soit nécessaire de les constater ou de les confirmer par l'expérience, puisque l'expérience elle-même, en ce qui concerne la locomotion, ne peut avoir lieu que conformément à ces lois.

Néanmoins, je ne prétends nullement, par leur haut caractère de vérité *à priori*, soustraire ces lois mécaniques à la nécessité légale d'être constatées ou confirmées par l'expérience, lorsque j'introduirai, auprès du Conseil de vos ministres, Sire, la requête pour obtenir, après une enquête administrative, la concession nécessaire pour établir de nouvelles lignes ou voies propres à l'exploitation des nouveaux procédés de locomotion. Bien au contraire, j'offrirai alors, non seulement quelques expériences bornées, comme le seraient celles de Lyon à Saint-Étienne, ou de Paris à Saint-Germain, sur lesquelles se fondent les présentes concessions législatives de grandes lignes de chemins de fer en France, mais bien des expériences étendues et réitérées, pour des lignes de 100 et de 200 lieues. — Tout ce que je prétends actuellement, c'est que, pour prononcer sur la grande question de l'utilité publique dans les divers modes de locomotion, leurs lois mécaniques, que je viens de faire connaître dans la présente Supplique, comme vraies absolument, c'est-à-dire, et j'ose l'affirmer, comme infaillibles, suffisent complétement.

Toutefois, peut-on déja, dans la présente culture intellectuelle et morale de l'humanité, fonder une espérance certaine de succès sur ce haut caractère de vérités mathématiques? Peut-on déja démentir la terrible assertion de Hobbes « qu'il est douteux que les vérités mathématiques elles-mêmes puissent s'établir, si des sectes, ou des corps en crédit, ou des individus puissans se croyaient intéressés à les repousser? » — Une grande et funeste expérience m'a déja prouvé que mes contemporains ne sont pas encore arrivés à la hauteur idéale de l'humanité où la vérité seule peut triompher. — Aussi, n'est-ce pas sans crainte que je tente ici une deuxième expérience. Heureusement, je le fais cette fois-ci sous les auspices éclairés et augustes de Votre Majesté; et je ne le cache pas au public, c'est là mon unique espérance de succès.

Je suis, avec le plus profond respect,

   SIRE,

     DE VOTRE MAJESTÉ,

         le très humble et très obéissant
         serviteur,

        Signé : HOENÉ WRONSKI.

Paris, 22 juin 1838.

NOTA. — La nécessité de changer de mécanicien a empêché de produire les grands modèles des nouveaux procédés de locomotion aux époques fixées dans les deux écrits qui sont annoncés dans l'*Avis* placé à la tête de la Pétition. A l'heure qu'il est, par les soins éclairés de M. Wagner de la rue du Cadran, et par le concours habile de M. Philippe de la rue Château-Landon, ces modèles en grand sont terminés et prêts à être exposés au public. — D'abord, pour les rails mobiles ou chemins de fer mouvans, deux tels modèles, l'un dans les plus grandes dimensions des chars usités, et l'autre dans des dimensions moyennes, sont exécutés et sont prêts à être employés sur des routes quelconques. De plus, le premier pas vers la découverte des rails mobiles, formant des roues à ressorts hélicoïdes, se trouve également réalisé dans un modèle de plus grandes dimensions. — Ensuite, pour la traction-propre, un modèle des dromades, toujours dans de grandes dimensions, est de même exécuté et prêt à servir sur des routes quelconques. Dans ce modèle, tous les modes d'application de la force motrice, soit de la vapeur, soit d'un autre moteur, soit enfin de la force des hommes, sont indiqués par des dispositions distinctes, en y comprenant l'emploi de cette traction-propre dans la navigation fluviale et maritime.